愛

すべてに勝るもの

越前　喜六 編著

教友社

巻頭言

愛――最近、思うこと

イエズス会日本管区管区長　梶山　義夫

愛なき時代に生まれたわけじゃない
キミに会いたい　キミを笑わせたい
愛なき時代に生まれたわけじゃない
強くなりたい　やさしくなりたい
愛なき時代に生きてるわけじゃない
手を繋ぎたい　やさしくなりたい

斉藤和義さんの『やさしくなりたい』の最後の部分である。この歌は、二〇一一年に放映された『家政婦のミタ』の主題曲としてご存じの方も多いのではなかろうか。

愛なき堕落した時代である、世俗的な愛しかない不毛の世の中である、若い世代には本当の愛がない……。このような意見にしばしば出会う。社会の中だけではなく、教会において指導的な立場の人々からも、このような声を聞く。しかし、このような考え方こそ、愛なき思いであり、愛を押しつぶしたり、窒息させたりする圧力である。私たちに求められることは、暗闇のように思えても、その中に深く入り込み、愛の灯火を見いだすこと、また愛の足跡を見いだし、その足跡をしっかりと辿ることではなかろうか。過去だけではなく、今、ここに生きているという現実の中に、愛が静かに湧き出でる数多くの泉に気づくこと、特にさまざまな苦しみの中にしっかりと根付いた愛に心から喜ぶことではなかろうか。

聖イグナチオは言う。「愛は両者の間の交換にある。すなわち、愛する人が持つものを、または、持つものと自分に可能なものから愛される人に分け与え、一方、愛される人も、愛する人に対して同じくするところに愛がある。従って、どちらかが知識を持つならば、持たない相手に分け与え、名誉や富に関しても同様にし、相手も他方に対して同じくする」(『霊操』231)。愛というと、一対一の個人的なレベル、せいぜい家族レベルに思考が留まりやすい。しかし愛こそ、人をどこまでも自らを超えて開いていく原動力である。このような愛が、社会のさまざまなレベルにおいて見受けられるのは確かである。

昨年の待降節第一主日から来年の主の奉献の祝日まで、教会は奉献生活の年を迎えている。

教皇が奉献生活者に求めていることはまず、感謝して過去を振り返ること、熱意をもって現在を生きること、希望をもって未来に向かうことである。何について過去を振り返るかというと、愛の足跡、つまり愛の交換の履歴である。自らの歩みを振り返るとき、親をはじめさまざまな人々の愛の足跡、そして自分の愛の足跡を見いだす。さらに主の愛の足跡をも発見する。またどのようにして熱意をもって生きることができるのであろうか。今、ここで生きている自分が、今、ここで愛されていること、そして自らの内に愛が確かに息づいていること、多くの人々の中に愛の交換が行われていること、社会にもさまざまな形で愛の交換が働いていること、大自然が愛に包まれていることに気づいてこそ、熱意を抱くことができるのであろう。そしてこの愛から、将来への希望も生まれてくる。

他方、愛、人々の間の愛の交換を押しつぶす力も猛威を振るっているのも事実である。その力は、愛の交換を個人のレベルや家族のレベル、企業のレベルや国家のレベルに押しとどめようとする。格差拡大や戦争は、この愛の交換を破壊する大きな要因である。このような中で、今年発表された戦後七〇年司教団メッセージ『平和を実現する人は幸い　今こそ武力によらない平和を』は、日本社会に対するイエスからわき出る愛を見事に表現している。是非、カトリック中央協議会のホームページなどでご一読いただきたい。

まえがき

ローマ・カトリック教会は、二〇一五年を「奉献生活の年」と定められ、奉献生活者の刷新と一層の向上を図られた。奉献生活者というのは、狭義では聖職者や修道者を指すが、広義にはカトリックの信仰をもって生きる人たちは、みな奉献者といえるのではないだろうか。三位一体のパーソナルな神を信じ、愛する人は、すべてが神の愛の賜物、恩恵であることを知っているので、そのすべてを神に奉献して、神への愛と感謝を表明するのではないだろうか。

「神は愛である」（一ヨハ4・8）ならば、ある意味で、「愛は神である」ともいえるのではないだろうか。すべては、愛から愛によって愛のために、らせん状を描いて上昇していくと、わたしは考えている。こうした愛のハタラキ、愛の心情、愛の甘味さを読者が少しでも理解し、経験し、味わうことができるならば、身心が歓喜で躍動するだろう。そう願って、数名のイエズス会士の筆者が中心になって、本書の『愛』を上梓することにした。

愛という主題をまとまった書物にするということは至難なわざである。すべての筆者は、いろんな意味で悪戦苦闘されたにちがいないと想像する。編者のわたしも、愛をテーマにしたときから、旧約時代の太祖ヤコブのように、神と取っ組み合いをしている感じがした（創32・25—30参照）。

本書の書名『愛——すべてに勝るもの』は、ラテン語の格言、Amor vincit omnia.（アモール・ヴィンチト・オムニア）から取ったものである。

わたしは、愛がすべてであり、あらゆるものに勝ると確信している。が、愛の実践が容易なようで、容易でなく、自明なようで、不可解なことに戸惑いと迷いを感じている。そんな時には、愛は神なのだと考えることにしている。神は「ある」が、神秘である。神秘という言葉は、カトリックの神学では、ある程度、知解することができるが、その深淵は不可解であるという意味で使われている。ともあれ、愛のハタラキ、力、エネルギーは、神のいのちから発し、人間界はもちろんのこと、天使界、宇宙世界とあまねく及んでいることは確かである。だから、愛する人は、救われているのである。しかし、愛には光の面もあれば、闇の面もある。だから、愛の明暗を識別するためには、叡智が要る。愛の学びの必要かつ重要なことがこれで分かろう。

その愛について書物にしようとすること自体、おこがましいこととは思うが、人間は「神の似像」（創1・26―27）として造られた尊い存在であるがゆえに、叡智があるかぎり、真の愛とは何かを探求するにちがいない。本書では、筆者の誰もが執筆に躊躇されながらも、ご自分が普段、思い、考え、実践し、研究し、経験していることに基づいて、愛についての思想の一端を披歴されている。本書は、愛の研究書でもなければ、論集でもない。けれども、愛の実践に関連して有益な書物であると確信している。

「神は私の深層よりも深層である」（Deus est intimior intimo meo. デウス・エスト・インティミオル・インティモ・メオ）というアウグスティヌスの言葉がある。「神は、私が私であるよりも私自身である」という意味である。わたしの好きな言葉の一つであるが、それを信じるなら、アウグスティヌスが、「主よ、あなたは、わたしたちをあなたに向けて造られました。だから、わたしたちの心は、あなたのうちに憩うまで安らぐことがありません。主よ、どうかわたしたちに、あなたを知らせ悟らせてください」（聖アウグスティヌス『告白（上）』服部英次郎訳［編者が少し訳文を変えた］、岩波文庫、一九七六年、五―六頁）と祈られたように、わたしたちも、愛する神との合一に憧れて、必死になって祈るのではないだろうか。

ともあれ、それぞれの筆者の文章を読まれながら、読者の皆様一人ひとりが、ご自身の深奥ではたらいておられる「愛」（聖霊）の感情や衝動や行動がどういうものであるかに気づく一つのよすが（縁）になれば、幸いと思う。

筆者の論稿をごく簡単に紹介しよう。目次の配列や表現とは異なるかもしれない。

高柳俊一師の「愛はすべてに勝る――「愛」の概念史が指し示すところ」は、西洋文学における愛の作品を取り上げ、「愛はすべてを打ち負かす、わたしたちも愛に屈服しよう」というウェルギリウスの言葉を引用し、これが神の愛を指示しているという。また、前教皇のベネディクト十六世の社会回勅『真理に根ざした愛』(*Caritas in Veritate*, 2009)を取り上げ、愛と真理の密接不可離な関係を興味深く論じている。さらに、エロスとアガペーの関係についても、前教皇ベネディクト十六世の最初の回勅『神は愛』(*Deus Caritas Est*)の内容を紹介しながら、その大胆かつ極めて聖書的な関係を手際よく解説されている。最後に、現教皇フランシスコが、イエスの復活の出来事を通して実現される神の愛の創造力の現実を福音の喜びとして述べておられる言葉を引用している(回勅『福音の喜び』276参照)。

佐久間勤師は、旧約聖書が語り、告げる神の愛がどういうものかを、聖書の言葉と史実に基づいて、興味深く解説、論じられている。筆者は、論考の最後に、「愛の呼びかけ、憐れみと赦しの愛、そして失敗に終わる愛。人間の愛から神の愛を知ることができる。この世のすべては神からのラブ・レターであり、一つひとつを大切に味わい、思いを深めるなら、神の愛はやがて疑う余地もない姿で、人間の目の前に現れる。我々がこの手紙(聖書という神の手紙[編者の挿入語])の行間を読む能力を持っていれば……。」という素晴らしい言葉を記されている。

山中大樹師は、ルカ福音書における「愛」の用例を取り上げて、聖書言語学的な分析を試みておられる。その解説は懇切・丁寧で、分かりやすい。その上で、キリスト者が「愛する者たち」であるとはどういうことかを美しく論じておられる。

竹内修一師は、修道者の奉献生活における愛の形態が、貧しさ、単純さ、喜びであることを魅力的に説明されている。これはべき論の倫理的教訓ではなくて、主イエスの言われる、「わたしは柔和で謙遜な者だから、わたしの軛《くびき》を負い、わたしに学びなさい。そうすれば、あなたがたは安らぎを得られる。わたしの軛は負いやすく、わたしの荷は軽いからである。」（マタ11・29―30）という言葉の実践にほかならないという。

高柳俊一師の「神の愛と創造――今日の環境危機への対応の根底にあるもの」は、教皇フランシスコの「環境回勅」を的確に紹介し、解説し、論じたものである。最近の地球規模の環境破壊が、人類の「共通の家」である地球の危機に繋がる現状を憂い、それを解決するには、前教皇ベネディクト十六世のいう「ヒューマン・エコロジー」や「人間の顔をもつ社会正義」と共に、「環境正義」を推進しなければならないという。そのためには環境保護の聖人であるアッシジの聖フランシスコに倣うと共に、創造の秘跡と宇宙の交わりの重要なことを想起し、創造された地球とそこに生命を授けられて生きる神のかたどりとして人の尊厳を与えられた人間一人ひとりが「人間喪失」の状態から復活して真の人間に立ち戻るように呼びかけておられる。

山岡三治師の「愛と結婚について」は、結婚講座や大学の授業における講義や学生たちとの討論を基にまとめられた論考である。具体的な問題提起や愛と結婚に関する教説が、読者を思慮分別のある賢い大人にしてくれるものと思う。

林尚志師の「どこに向かって歩むのか」は、長年にわたり社会の弱者と呼ばれる人びとと交わり、共生し、彼らを援助したり、彼らから援助されたりしながら過ごした数十年の体験を顧みながら、最後まで彼らを見守り、彼らと共に生き、働こうとされる献身的、かつ自我滅却的な愛の実践の体験が控え目に記されている。

レンゾ・デ・ルカ師は、キリシタン史の専門家で、長崎にある日本二十六聖人記念館館長である。昔、日本のキリシタンは時の幕府から禁教令を受け、迫害と殉教という過酷な試練を受けた。それは約二百年以上も続いた。明治政府によって禁教令が廃止された後も、長崎では一時、キリシタンの迫害が続いた。こうした過酷な環境の中でも、隠れキリシタンとして、キリスト教の信仰を保持し、その信仰を子孫に伝えて行った人たちがいたし、その子孫が今でも生きておられる。その場合、祈り（オラシオ）と共に、キリスト教の「愛」を、「御大切」と訳して、教え、伝えてきたキリシタンの先人たちの叡智や勇気ある行動が根底にあることを興味深く論じておられるのが、筆者の「キリシタン時代に伝わった愛、『御大切』」の論考である。

越前喜六師の「愛とは奉献ではないか」という論考は、愛とは何か、どうしたら愛することができるかという問題意識を、人間学と自分自身の信仰体験の立場から、解明しようとしたものである。

奈良修一師は、禅宗の曹洞宗の僧侶であり、お寺の住職であると同時に、大学の教員もしておられる。師の「愛の実践」は、あまり正面だって愛という言葉を使わない仏教界ではあるが、実際には多くの檀家や檀徒との交わりや死者の供養の中で、どれほど情愛に溢れた優しい態度で接しておられることか、また人々の悩みや苦しみや心配などをあるがままに受容し、それに対して親切、丁寧に応対されていることをそれとなく論述されている。

内山節子先生は、音楽家であり、長年にわたりヤマハ音楽教室の幼児科講師としてご活躍された。その後、ご自身の深い信仰と愛から、子どもから大人まで幅広く音楽教育を通して、人間教育や信仰教育に貢献すると共に、後輩の育成と地域の活性化のために音楽の持つ教化を最大限に発揮すべく自宅を開放して、ヤマハ音楽教室を主宰しておられる。こうした先生の歩みが、謙虚にしかも力強く語られている。これも一つの愛の物語ではないだろうか。

景山あき子先生は、カトリックの修道女であると同時に、子どもの信仰教育の専門家でいらっしゃる。先生は、長年にわたる児童教育の研究ならびに教会や学校という現場における子どもの信仰教育の実践を通して、愛の心情や精神がいかに大切かを痛感してこられた。そのためには主キリストの福音がどれほど重要な役割を果たすか、計り知れないという。だから、「受けよう・伝えよう、福音を」と叫ばれるのである。

筆者の皆様に心から感謝しながら、編者としての感想をこめて、まえがきとした。

二〇一五年（平成二十七）十一月一日　諸聖人の祭日

編著者

目次

巻頭言　3
まえがき　6

第1部　イエズス会士の語る「愛」

愛はすべてに勝る／すべてに勝る愛
——「愛」の概念史が指し示すところ……高柳 俊一　18
旧約聖書と神の愛……佐久間 勤　49
キリスト者が「愛する者たち」でいるために
——『ルカ福音書』の愛に関することばから……山中 大樹　76
奉献生活における愛の形——貧しさ、単純さ、喜び……竹内 修一　109

神の愛と創造――今日の環境危機への対応の根底にあるもの……高柳 俊一 138
愛と結婚について――大学生と一緒に考えたこと……山岡 三治 171
どこに向かって歩むのか……林 尚志 196
キリシタン時代に伝わった愛、「御大切」……レンゾ・デ・ルカ 221
愛とは奉献ではないか……越前 喜六 235

第2部　他宗派／修道会・他宗教の人の語る「愛」

愛の実践……奈良 修一 280
神の愛に包まれたわが音楽人生……内山 節子 310
受けよう・伝えよう、福音を
――子どもの信仰教育における「愛」……景山あき子 336

あとがき 359

第1部　イエズス会士の語る「愛」

愛はすべてに勝る／すべてに勝る愛

――「愛」の概念史が指し示すところ――

高柳　俊一

プレリュード――ウェルギリウスの牧歌、宮廷愛と騎士道物語

ラテン語の格言には Amor vincit omnia あるいは Omnia vincit amor（愛はすべてに勝る）というのがある[1]。教皇ベネディクト一六世の最初の回勅『神は愛』（*Deus Caristas Est*）がこの格言を使い、その由来を説明していたのは意外であった（4）。一七世紀の画家カルヴァジョはこの格言をテーマにした寓意画を描いたが、現在ベルリン美術館が所蔵している。他にもこのモチーフはエンブレム印刷画として流布していたようである。現に、ニューヨークのメトロポリタン・ミュージアムが一点を所蔵している。この格言は騎士道によって「宮廷愛」の観念を発展させたヨーロッパ中世社会でしばしば使われ、一般化していたようである。

すでに宮廷愛を支えた騎士の時代は過ぎていたが、宮廷愛にまつわる恋愛物語は広く一般に知られるようになっていた。ジェフリー・チョーサーは中世フランス語で書かれた代表的作品『薔薇物語』（*Romant de la Rose*）を中世英語に翻訳している。

例えば、そのチョーサーの『カンタベリー物語』は一四世紀に書かれた英文学を代表する物語詩である。この作品は、南ロンドンの宿屋の主人がカンタベリーに巡礼に行くために自分の宿屋に宿泊した二九人の人々を巡礼団に組織し、聖地に出掛けるさいに彼の提案に従って、旅の行き帰りにそれぞれが自分のお箱の物語をして聞かせるという構成になっている。行きの物語は書かれたが、帰りの物語は書かれなかった。巡礼者が語る物語はそれぞれ当時の社会階級を反映し、その階級や職業にふさわしい物語をするようになっている。

著者チョーサーはまず全体の「総序の歌」を書いて一人ひとりの語り手の人物を描写している。その一人「女子修道院長」は二匹の犬を連れてきており、胸には宝石の飾りの金のブローチをつけていて、この格言が刻まれていたと描写している。それはこの格言が中世に広く知られていたことを暗示していると言えるであろう。巡礼道中に、彼女が語る物語は、聖母を賛美して毎日学校に通うとき、ユダヤ人居住地を通る少年がユダヤ人に殺害されたが、その遺体が発見された時も『麗しき贖い主の母よ』（Arma Redemptoris Mater）を歌い続けていたという聖人伝である。女子修道院長は当時の社会では裕福な貴族出身の女性であったのであろう。この物語は単純でチャーミング、しかも信心深い物語だったから、仲間の巡礼者たちが感銘をもって聞いたと当時の読者は考えてくれるように著者チョーサーは意図したのであろう。

この格言をはじめて使ったのは古典ラテン文学の最大の傑作、叙事詩『アイエネーイス』を書いた「西欧の父」と呼ばれたウェルギリウスであった。(2) 彼の『牧歌』四歌四―一〇節でイザヤ書九章五―六節に符号して救い主キリストの誕生を予告したと長い間考えられていた。

今や……最後の時代がやってきた。
偉大なる世紀の連なりが、新たに生まれつつある。
今や乙女なる女神も帰り来て、サトゥルヌスの王国はもどってくる。
今や新たな血統が、高い天より降りてくる。
……
この子どもとともに、ついに鉄の種族は絶え、黄金の種族が
全世界に立ち現れよう。……
……
……

さあ、幼な子よ。母を認めて微笑みなさい。

この個所がマタイ福音書の救い主誕生の預言、イザヤ預言書の引用「見よ、おとめが身ごもって、男の子を産み／その名をインマヌエルと呼ぶ」（7・14）と符合するとみなされ、救い主誕生以前の異教徒ウェルギリウス自身は知らずに救い主の出現を予告したのだと長い間みなされた。その彼の同じく『牧歌』一〇歌六九節以下では多少長いが、この格言となった言葉が見られる。「愛はすべてを打ち負かす、わたしたちも愛に屈服しよう」（Omnia vincit amor, et nos cedamus amori）。この格言の言葉はもともとは失恋した友人を慰める詩であったが、「愛」すなわちキリストの愛を意味するものとして理解されるようになったようである。「神の愛」あるいは「キリストの愛」はすべてに打ち勝つ、すべての人はキリストに従うという意味を受け取るようになったのである。

一　愛と真理――相互の結びつき

古代や中世の著者は特定できないが、格言の主語「愛」に「真理」が取って代わっただけの格言「真理はすべてに打ち勝つ」（Omnia vincit veritas）がある。おそらく、「愛はすべてに打ち勝つ」がすでにあって、その主語の一語を入れ替えたのであろう。それはソ連崩壊後のチェコ共和国のモットーになっている。「真理」と「愛」は区別しなければならないもののようだが、神の属性の交換のことを考えれば、二つの格言は一つの事柄を述べていることが分かるであろう。ヨハネの第一の手紙では「神は愛です」（一ヨハ4・8）とされるが、ヨハネの福音書の序文では、神の栄光は「恵みと真理とに満ちていた」（1・14）とされている。ヘブライ語では神性の輝きは「カボド」、ギリシャ語で「ドクサ」ある。［神の］愛はその真理の輝きによってわたしたちに告げられ、わたしたちによって知られ、愛されるのである。ハンス・フォン・バルタザールの考えによれば炎の中から輝き出る栄光なのである。[3]

ベネディクト一六世も社会回勅『真理に根ざした愛』（*Caritas in Veritate*, 2009）で次のように述べている。「聖パウロが指摘する「愛に根ざした真理（veritas in caritate）」（エフェソ4・15）という語順で真理と愛の関係を示すだけではなく、補足の意味でそれをひっくり返し、「真理に根ざした愛（caritas in veritate）」として示す必要もあります。真理は、愛の「秩序」の中で探求され、発見され、表現される必要があります」（2）。こうしてさらにこの回勅の序論の中で教皇はこう述べられている。「愛は真理に根ざしてのみ輝き、真理に根ざしてのみ真に実践されるのです。真理は、愛に、意味と価値を与える光です」（3）。ローマの信徒への手紙でパウロは「人を愛する者は、律法を全うしているのです……愛は律法を全うするものです」と述べている（13・8―10）。つまり、「愛」は天から降って、すべての倫理的掟をまとめ上げ、一つにする神の賜物だと言うわけであろう。

「愛」を「真理」に結びつけると、いかにも理知的なキリスト教的「愛」のイメージが出来上がってしまう。少なくとも、「愛」はキリストを信じる人間の成熟し、完成された段階と言ってもいいのかも知れない。ここですぐ頭に浮かぶのはパウロのコリントの信徒への手紙一・一三章四節以下の「愛の賛歌」である。（以下では、新共同訳を詩の形にしてみた。）

……

愛は忍耐強い。
愛は情け深い。
愛はねたまない。礼を失せず、高ぶらない。
不義を喜ばず、
自分の利益を求めず、
いらだたず、恨みを抱かない。
不義を喜ばず、

……

真実を喜ぶ。
すべて忍び、すべてを信じ、
すべてを望み、すべてに耐える。

愛は決して滅びない。

……

……

それゆえ、信仰と、希望と、愛、
この三つは、いつまでも残る。
その中の最も大いなるものは、
愛である。

引用最後の段落で省略した個所では挿入部分のようにして人間の子供から大人への成長過程が最終段階の愛への過程への道筋のたとえとして使われ、そこに到達した段階にある大人となった信仰者は過去を振り返らないばかりでなく、過ぎ去る知識や預言を幼児のものとして打ち捨てなければならないことが強調されている。ここに後に信仰、希望、愛が超自然的徳として掲げられ、特に愛が他の二つの徳を絶対的にはるかに凌駕し、三つの中心であり、まとめるものであると教えられるようになる根拠が示されている。興味あることに、そのすぐ後に「愛を追い求めなさい。霊的な賜物、特に預言するための賜物を熱心に求めなさい」（一コリ14・1）と一見矛盾するようなことが述べられることである。預言は、異言や他の能力は預言とともに信仰共同体を作り、活性化していくものであるが、それらの能力をはるかに超えるものだとされている。

「愛」はその信仰共同体を創りあげ、完成に向かわせる神からキリストを通して聖霊によって与えられる活力であり、当然のことながら真理の霊である聖霊の活力なのである。「愛は真理に根ざしている」だけではなく、エフェソの信徒への手紙によれば「真理は愛に根ざしている」（4・15）のである。愛に根ざしていない真理はありえない。パウロはローマの信徒たちにどのようなものも「わたしたちの主キリスト・イエスによって示された神の愛から、わたしたちを引き離すことはできないのです」（8・38）と述べている。

愛とか真理という言葉はパウロの手紙にも見られるが、頻繁なのはヨハネ福音書と手紙である。そこでは福音書の序文にあるように、真理と愛は恵みを加えて神の独り子の生涯を始まりからすでに内面から復活の栄光が輝きでているものとして語っている。「神の愛から引き離すことができない」という愛についてのパウロのローマの信徒への手紙における論法はどこか実存的で、もちろん復活による十字架の勝利としての復活を前面に打ち出しているが、アゴーン、苦悩と苦闘の緊張感がみなぎっている。

ヨハネ文書のイエスの生涯の捉え方が栄唱的であると言うことができれば、ローマの信徒への手紙におけるパウロは神が人間と世界を創造し、原罪から救う救いの歴史の働きを十字架に至るまでの苦闘の歴史として捉えている。神はなぜそのような苦しみと葛藤を甘んじて自らに課したのであろうか。それは神が愛ゆえに行われたことだとパウロは強調しているのである。アゴーン（苦闘）としての神の愛はそれを受けるわたしたち人間にも、苦悩と苦闘を要求するのではなかろうか。

二　エロースとアガペー――「愛」の概念をめぐる議論

ベネディクト一六世が教皇となって最初に発せられた回勅『神は愛』（*Deus Caritas Est*）を発せられたのは登位直後の二〇〇五年一二月二五日主の降誕日であった。序文で述べられているように、この回勅は理論的な第一部と具体的な指針を含む第二部から成っている。教皇はまず冒頭でヨハネの手紙を引用して次のようにわたしたちに語りかけ始められている。

「神は愛です。愛にとどまる人は、神の内にとどまり、神もその人の内にとどまってくださいます」（一ヨハネ4・16）。ヨハネの手紙一からとられたこのことばは、キリスト教信仰の核心をこのうえもなくはっきりと表しています。すなわち、キリスト教的な神の姿と、そこから帰結する、人間とその歩む道の姿です。同じ節で、ヨハネはキリスト教的な生活をいわば要約して次のようにいいます。「わたしたちは、わたしたちに対する神の愛を知り、また信じています」。「わたしたちは、神の愛を知っています」。このことばによって、キリスト信者は自分の生活における根本的な決断を表すことができます。人をキリスト信者とするのは、倫理的な選択や高邁な思想ではなく、ある出来事との出会い、ある人格との出会いです。この出会いが、人生に新しい展望と決定的な方向づけを与えるからです。（1）

さらに、ベネディクト一六世は、ヨハネ福音書三章一六節を引用して、愛を中心にしてキリスト教信仰がイスラエルの信仰における確信を保ちながら、同時に「新たな深みと広がり」を与えるとして申命記六章四―五節のシェマ（集会での祈り）「聞け、イスラエル！」を背景にレビ記一九章一八節とマルコ一二章二九―三一節とが完全に符号することを指摘しつつ、「今や愛はもはや単なる「おきて」ではありません。神は、愛のたまものをもってわたしたちを迎えてくださいました。愛とは、この愛のたまものにこたえることなのです」(1)と結論づけておられるのである。ところでこのキリスト教的愛を説いた回勅の最初の部分は一般読者の側に一種意外な感情とともに驚きを与えたようである。

つまりこの回勅の第一部「創造と救いの歴史における愛の同一性」のはじめのほうで「「エロース」と「アガペー」――違いと同一性」と題された区分があり、神の愛と人間の愛との関係が取り上げられ、これまで性愛に限定されてきた人間の愛が肯定されていたからである。エロースとアガペー、片や性愛、他方は神の愛ないし神への愛は相対立する対極と一般に考えられてキリスト教の立場からはアガペーだけが肯定されると思われていたからである。

実は、この問題に関してすでに二〇世紀中頃文学思想を背景にして論争が起こったことはよく知られている。あるいは二人の思想家の間の意見の相違といってもいいかも知れない。おもに、ニグレンとダーシーの立場の違いを中心にして他の二人の考え方が絡んでくるように思われる。

アンデレシュ・ニグレン(Anders Nygren 1890–1978)はスウェーデンのルター派神学者であったが、『アガペーとエロース』全二巻を一九三〇年と一九三六年に刊行し、一方は聖書的、他方は異教的な、相容れない二つの概念だとして反響を呼んだ。(4) ニグレンの著作は大部なものであるが、キリスト教伝統の中で新約聖書的なアガペーを愛の核心にした理解がギリシャ的異教のエロースの概念を受容する過程でその本来性をあいまいなものにしたという主張であった。もちろん、この背後にはケルケゴールの考え方があるようである。一九四五年はスイスの批評家・文学思想研究者デニ・ド・ルージュモン（Denis de Rougemont 1906–85）がトリスタンとイソルデの世俗的愛から西欧文学史における「愛」のテーマを論じた『愛について――エロースとアガペー』を一九四五年に発刊した。[5] ルージュモンは長期にわたって米国で研究していたが、この本を刊行した時は母国にもどっていた。この本との関係であまり注意されていないことは、彼が二〇世紀プロテスタント神学の巨匠、スイス人のカール・バルトの影響を受けた人物であったということである。

ルター派のニグレンがマルティン・ルターに従って神への愛と世俗的愛を峻厳に区別し、アガペーを唯一キリスト教的なものという説を前面に打ち出したのに対して、カルヴァン・改革派教会の伝統を背景にしたルージュモンはその反対側のエロースの西欧文学における展開を論じたのであった。そして彼はその起源がイスラム文化にあり、それが十字軍遠征の騎士たちによって東方から西欧にもたらされ、異端のカタリ派にはじまり、一二世紀吟遊詩人たちによって中世西欧世界に広まったと主張し、この見解から西欧文学全般における世俗的愛の変遷を論じたのである。ルージュモンはしかもそれを中世の神秘主義の潮流と結びつけているが、こうなると、神秘主義は異端思想と近いものになってしまう。世俗的愛あるいは恋愛観にイスラム文化圏からの影響を見る考え方については、有名な歴史家クリストファー・ドーソン（Christopher Dawson1889-1970）の詳しい分析・評価がある。(6)

しばらくして、トマス・アクィナスの考え方に基づいて英国のイエズス会員の論客マーティン・ダーシー（Martin D'Arcy 1888-1976）が『愛のロゴスとパトス』と日本語に訳された本を一九四五年に世に問うたが、「愛のロゴスとパトス」という日本語訳の表題は原著の内容をよく表現しているように思われる。(7) 彼の著書はアウグスティヌスとトマス・アクィナスの思想を背景に愛の問題を取り上げ、ニグレンの立場に答える形になっている。彼は愛における理性的側面を男性名詞 animus、情緒的な側面を女性名詞 anima として捉え、両者のバランスある統合が神に向かうキリスト教の理想的な愛のあり方だとした。

ひとまず一連の論議の終着点となったのは、日本語に数回翻訳されたキリスト教作家C・S・ルイス（Lewis 1898-1963）が一九六〇年に書いた小冊子『四つの愛』（*Four Loves*）であろう。彼は「愛」には四段階、すなわち愛着（affection）、友情（friendship）、恋愛（eros）、愛徳（charity）があることを指摘した。(8) 彼の作品は一般向けであるが、内容的には伝統的なキリスト教的な「愛」理解をきちんとまとめたという点で、今も出版され続けるに値する名著だと言いうるであろう。だが、ルイスの見方をそのまま受け入れていいだろうか。例えば「友情」についてだが、トマス・アクィナスにとって友情すなわちラテン語で amicitia は愛徳caritasに次ぐ重要な徳であったことはよく知られているのではなかろうか。[9]

ヨハネ福音書の復活したイエスがペトロに三度問い言葉「この人たち以上にわたしを愛しているか」を繰り返したことは、受難物語でペトロが三度イエスとの関わりを否定したこととは対照的に、それらを凌駕する繰り返しであり、強められたイエスの側からの弟子たちとの関わりの肯定である。三回目の動詞「愛している」はそれまで二度の動詞アガパスとは違って原語ではフィーレイスであり、「フィリア」（友愛）の動詞形である。新約聖書における「フィリア」の使用はいくつかあるが、特定の人物に向けた例外的な用例である。あるいはフィリアは見逃されている、あるいは忘れられていると言えるかも知れない。ヨハネの専門家の間ではこの個所におけるフィレインとアガパンの使用には特段のニュアンスの違いはなく、二つの言葉を微妙に区別しておらず、前後関係で特別な意味があるのではないと述べている。[10] しかし、友愛フィリアは愛の一つとしてアガペーよりも一段と高く位置づけられているようである。フィリアとは一般に家族どうしの深い愛情の結びつきを表す言葉である。この言葉を最後の問いの繰り返しに使ってヨハネ福音書記者はイエスの一二弟子の中の代表ペトロの位置づけを暗示したと思われないこともないが、このフィリアの例外的な使用はアガペーでは言い表すことができない愛の次元における結びつきを指しているようでもある。「わたしはもはやあなたがたを僕でなく友（フィルス）と呼ぶ」（ヨハ15・15）が背景にある。

回勅『神は愛』でもフィリアとしての愛への言及がある。「「フィリア」……ということばは、ヨハネによる福音書の中で、深められた意味で用いられています。すなわち、このことばはイエスと弟子の関係を表すために用いられます」(3)。つまり、それはペトロ個人を越えて一二という数に象徴される信仰共同体としての教会、そしてそこから世界全体に向けられた神の愛のユニークな卓越性をこの復活後イエスの言葉によって暗示されているのではなかろうか。この場面は受難にさいして逃げ去ってばらばらになった弟子たちがイエスの復活の出来事の後復活したイエスと出会いその目撃証人としてペトロを中心に再び結集し、一つに結束した集いとなり、神といわば新しい愛(カリタス)に基づく「契約」を結んで共同体を設立した場面だと言ってもいいであろう。

三　イエス・キリスト——「神のエロース」と救いの歴史

回勅『神は愛』に再び注目するならば、当初この回勅を読んで多くの人が驚きを隠し得なかったのはベネディクト一六世が神の愛をエロースに結びつけたことであった。ギリシャ哲学の頂点に立つアリストテレスの神は全存在の欲求と愛の目的であるが、「この神的なものは愛すること」ができないと述べ、以下のように続けている。「イスラエルが信じた唯一の神は、自ら愛します。さらに、この神の愛は選びの愛です。すべての国々のうちで、神はイスラエルを選び、愛します。もちろんそれは、全人類をいやすためでした。神は愛します。人はこの神の愛を「エロース」と呼ぶこともできます。しかし、この愛は同時に完全な意味で「アガペー」でもあるのです」（9）。これまで完全に違う「愛」と考えられてきたエロースとアガペーは一つだというのである。

ベネディクト一六世は神の人間に対する「エロース」について語りはじめ、それが「同時に完全な意味で「アガペー」でもあると強調しているのである。ホセア預言書では民イスラエルが契約を破り、堕落し、離反したことに対して神が審判を下して罰することなく、赦した「情熱的な愛（アガペー）」に言及し、ホセア書から引用している。

ああ、エフライムよ、お前を見捨てることができようか。イスラエルよ、お前を引き渡すことができようか。……わたしは激しく心を動かされ、憐れみに胸を焼かれる。わたしは、もはや怒りに燃えることなく、エフライムを再び滅ぼすことはしない。わたしは神であり、人間ではない。お前たちのうちにあって聖なる者。（ホセ11・8—9）

ベネディクト一六世は、その帰着が新約聖書におけるイエスの十字架の受難と死であったことを指摘し、ヨハネ福音書序文の神のことばとしてのロゴスの受肉に結びつけている。ロゴスは「万物を造った根源」、「根源的な理性」であることを指摘しつつ、ベネディクト一六世は神の創造の業がその愛にはじまったとする創造論的な観点を導入しつつ、神における理性と情熱が愛を通して一体であることを強調する。「この万物を造った根源――根源的な理性として「ロゴス」――は、同時に、真の愛がもつあらゆる情熱をもって愛するかたでもあります。こうして「エロース」はこのうえなく高貴なものとされます。しかし、同時に、「エロース」は「アガペー」と一つになるまで浄められます」(10)。「浄めと成熟を通して、「エロース」は完全に自らのあるべき姿となり、ことばの完全な意味で愛となります」(17)。

ここでの「エロース」は神の愛に応える人間の愛のことであろうと思われる。つまり「エロース」はギリシャ哲学のプラトンの『饗宴』におけるように、肉体を解脱し、高められ、純化されて理想的な精神的価値である最高善を熱烈に求める衝動を代表する「愛」になりうるのである。そうなると、アガペーとどう区別することができるのであろうか。また、それは人間の行為、あるいは精神的なエネルギーなのか、それともその探求の目標としての対象物なのであろうか。それがベネディクト一六世とその考え方の背後にあるのであろう。アウグスティヌスは新プラトン主義思想を背景にしていたので、おそらく両方だと言うであろう。「人はこの愛を「エロース」と呼ぶこともできます。しかし、この愛は同時に完全な意味で

「アガペー」でもあるのです」（『神は愛』9）。

四　アモール・デイ（Amor Dei＝神の愛、神への愛）とカリタス（Caritas＝愛徳）

「愛」というものに関してエロースとアガペーは対照的な一対の概念として論評されてきた。その議論には一つの歴史があった。アモール・デイとカリタスはそのような関連では論じられてこなかった。アモールは近代ヨーロッパ言語では一般的に広い意味での「愛」を表現する言葉である。だから性愛から最高度の精神的愛に達するエロース的なものも、アガペー的なものも含むものである。ところで、これまで言及したベネディクト一六世の二つの回勅の表題の「愛」は“caritas”である。英語で“charity”、フランス語で“charité”であり、他のロマンス語はすべてラテン語の“caritas”由来である。英語、ドイツ語で一般的な「愛」を言い表す言葉は“love”“Liebe”である。“Charity”という言葉は英語にあるが、ドイツ語ではその形容詞に相当する“karitativ”は多少とも日常語彙として通用しているが、根幹名詞は外来語であり、一般的言葉は“Nächstenliebe”（隣人愛）である。カリタスと言えば日本でも慈善事業のことか、かつてのカトリック用語では「愛徳」である。

ところで、これまで言及したり、引用したりしたベネディクト一六世の二つの回勅の『愛』

は"caritas"である。ラテン語が共通語であった西欧では神の愛はカリタスであった。旧約聖書の雅歌では以下のように歌われている個所がある。

愛は死のように強く
熱情は陰府のように酷い。
火花を散らして燃える炎。
大水も愛を消すことはできない
洪水もそれを押し流すことはできない。
愛を支配しようと
財宝などを差し出す人があれば
その人は必ずさげすまれる。(8・6―7)

雅歌はもともと男女の恋愛歌であった。しかしそれが神ヤーウェのイスラエルへの愛情がどれほど深いものであるかを示すものとしてヘブライ聖書正典に取り入れられたのであった。ベネディクト一六世も『神は愛』の中でこの点を指摘され、「神の民に対する神の情熱」について語っている(10)。「愛」は七十人訳ギリシャ語旧約聖書では「アガペー」だが、ウルガータ訳ラテン語聖書では一貫して「カリタス」と訳されている。ベネディクト一六世の回勅のラテン語原題は、“Deus Caritas Est”だが、それはウルガータ聖書のヨハネの手紙の用語を踏襲したからであり、英語をはじめ、近代語の翻訳ではヨハネの手紙の該当個所では、“love”, “amour”, “Liebe”等々が使われている。つまり、「アガペー」の訳語としてラテン語では「カリタス」を使っていたが、近代ではその言葉は隣人愛の行動に限定して使われはじめたので、聖書翻訳ではラテン語起源の近代語ではロマンス語群の場合のようにアムール、アモーレ、ゲルマン語群ではラブとかリーベが使われたのであろう。そしてカトリック関係では三つの超自然徳、すなわち信・望・愛の一つとしての徳目として愛徳が使われはじめたのであろうと思われる。同時に、これが実践へ向けられると、慈善事業の意味になっていったのである。

他方、「アモール」は本来エロースあるいはエロース的感情を指し示す語感をもっていたが、雅歌との結びつきで人間に対する神の衝動が意識され、「アモール・デイ」ということがまず考えられ、その衝動を受けて神に向かう応答としての人間の愛が意識されて、両者の弁証法的ダイナミズムの関係が強調されるようになった。こうして人間へ向かう神の愛と人間の神への愛の一体性が話されるようになったのである。神の人間を救おうとする愛は徹底的、例外なしに先行する。この考察を深めたのはヒッポの聖アウグスティヌスであった。しかし彼の場合、アモール・デイはカリタスの中身であったように思われる。しかし同時にアモールとしての愛にはエロース的感情あるいは衝動が残されていたようである。

『告白』(*Confessiones*) はアウグスティヌスが過去を悔い、どのようにして信仰に導かれたかを物語った回想録だが、それはそれまで忍耐強く彼を導いてくれた神の恵みへの感謝と賛美でもある。ラテン語の Confessio には「褒め、称える」の意味がはっきりしている。「偉大な主よ、/このうえなく立てられるべきです」(1・1・1)。そして若きアウグスティヌスはエロースの愛を求めてカルタゴにやって来た。「わたしはカルタゴに来ました。……わたしはまだ/愛したことはありませんでしたが、/愛することを愛していました」(3・1)。明らかに「愛」は情欲エロースだが、それは回心においてやがて強く神に向けられた愛、神の招きに応える愛に変容する。

以上の「愛」は「アモール・デイ」である。しかし以下の例では「カリタス・デイ」である。「神は神が与えた霊によらなければ愛されません。というのは、神の愛はわたしたちに与えられている聖霊によってわたしたちの心に注がれているからです」(13・6)。『告白』の展開から受ける読者の印象ははじめ神の愛を求めてあがいて自分を描くアウグスティヌスはアモールを用い、中頃から終わりに向けてカリタスのほうを使っているように見られる。最用例数もカリタスのほうはアモールの用例の三分の一ぐらいであるように見受けられる。

後の巻（13・7・8）では「すべてにまさるキリストの愛の知」を知ることができることを希求しながらも、欲望の重みへ淵の中に引きずりこまれそうになって水の上を漂う自分を助けてくれることを神に懇願している。「わたしたちを引き上げるあなたの霊による愛の支え」を願っている場合の「愛」は言うまでもなく「カリタス」である。

しかし、このころのアウグスティヌスの「愛」には新プラトン主義者時代からの知性主義的傾向がまだ残されているようである。アモール、さらにそれよりもディレクツィオ（dilectio）と呼ばれていた感覚的反応の段階から浄化され、キリスト教化された到達点にカリタスが見出されるようである。この段階で「愛」は完全に開かれたものになる。神ははじまりと終わり、アルファとオメガである。事実、アウグスティヌスは後にカリタスがコムニオに開かれ、「愛」が完成され、神にもどり、一段とその最高の美を輝かせると考えていた。ジョン・バーナビが『Amor Dei ――アウグスティヌスにおける神の愛の教え』の中で次のように指摘している。「エロースも、アガペーも、あるいは両方を一つにしても、「カリタス」の意味を余すところなく説明するまでには至らない。アウグスティヌスはプロティヌスとルターの混合ではなく、教会博士の一人なのである(11)」。それでも、この教会博士の背後にプラトンと新プラトン主義の影響がまったくなくなってしまったと断定できるであろうか？それはけっして否定的にアウグスティヌスの思想に作用したのではない。しかし彼は「カリタス」をあまりにも知的最高価値と同一化してしまっている。こうして「カリタス」は感情的あるいは肉感的イメージから純化されていった。中世の修道院ではグレゴリアン・チャントで雅歌が歌われ続け、その「わたしは黒いが、愛らしい」（1・5）は寓意的意味に受け取られ、教会改革への刺激となった。[12]「アモール・デイ」における人間の側から神を求める姿勢は中世の修道士は神秘主義伝統の中で婚姻のイメージを濃厚なものにしていき、一六世紀イベリア半島の神秘家はこの愛をややエロース的にしたようである。

五 「神の愛」の波及——受肉から十字架さらに世界の完成へ

アウグスティヌスは『パウロの手紙説教』の中でヨハネの第一の手紙に言及しつつ以下のように述べている。「愛は全くもって神の賜物なので、〔愛〕は神とも呼ばれるのです。使徒ヨハネが『神は愛です。愛にとどまる人は、神の内にとどまり、神もその人の内にとどまってくださいます』（一ヨハ4・16）と言っているように」。また、『ヨハネの手紙一　講解説教』の中でカリタスである愛が本来共同体の交わりと一致の外では成り立たないことを強く主張している。

「あなたがたはわたしを見たから信じたのか。見ないのに信じる人は、幸いである」（「ヨハ」二〇・二五―二九）と。……わたしたちはわたしたちの見ていないものをしっかり保持しましょう。なぜなら、見た人が知らせてくれているのですから。〔何のために。〕ヨハネは「あなたがたもわたしたちとの交わりを持つようになるためである」と申しております。人びととの交わりを持つということは何と素晴らしいことでしょうか。そのことを軽く見てはなりません。さらに付け加えられている言葉に目をとめてください。「わたしたちの交わりは、御父と御子イエス・キリストとの交わりです」と言われていることにです。ヨハネはその理由を「わたしたちがこれを書くのは、わたしたちの喜びが満ちあふれるようになるためです」（Ⅰヨハ一・四）と付け加えております。ヨハネは大いなる喜びはその交わり〔共同体〕そのものの中に、そうした愛《カリタス》そのものの中に、一つ《ウニタス》となるそのことの中に満ちあふれると言っているのであります。（「ヨハネの手紙一講解説教」Ⅰ・3『著作集』26「パウロの手紙・ヨハネの手紙説教」）

こうしてアウグスティヌスは「神の愛」（Dei caritas）に言及し、単なる信仰共同体の枠を越える愛を勧めるのである。

キリストを愛しましょう。どんな救い主をでしょうか。イエス・キリストをです。その人は誰ですか。神の言です。……「言は肉となり、わたしたちの内に住まった」（ヨハ一・一四）というふうにです。それゆえ、「メシアは苦しみを受け、三日目に死人の中から復活する」というふうに聖書があらかじめ表明していたことが成就されたのです。……あなたの愛を全世界に広めなさい。……もしあなたがキリストを愛することを望むならば、愛を全世界へと広めなさい。（同10・8）

神の子ロゴスは本当に人間となった。それは幻想でなく、事実としてその栄光が見られたのである（ヨハ1・14）。ヨハネの第一の手紙で「神は愛（アガペー）である」と述べられているのならば、その栄光は神の愛の栄光である。イエスは愛を徹底的に人格化し、その固有な人格の中に聖霊を通して父である神の具体化としての子、完全な愛の姿であると言える。『希望の神学』を書いた現代プロテスタント神学者ユルゲン・モルトマンはキリスト教の神は多神教に対抗する唯一の神の一神教ではないと強調する。(13) キリスト教の神は理神論的な純粋存在やイデアのようなものでなく、聖書の生ける神、生命にあふれるダイナミックな愛の神、創造、出エジプトの神、イエスの出現、十字架と復活、時の終わりの再臨における宇宙の黙示的ヴィジョンに至るまで人間とともにあり、御子イエスは救い主としてその愛をもって人間とともに友情をもって救いの歴史の「出エジプト」を新しいエルサレムとしての宇宙の完成に歩んでくれるのである。

モルトマンは神のロゴスの受肉による誕生から十字架、復活に至るイエスの生涯の中に神の救いの歴史を見ている。旧約から新約への救いの歴史はイエスの生涯の歴史によって凝縮されている。それは父から出て、聖霊によって息吹を与えられ、絶えず勇気づけられて前進する。モルトマンのキリスト論ではイエスの復活に重点が置かれている。それゆえに、彼の神学においては希望が重要なのである。ここで想起されるのは十字架の出来事の後、二人の弟子が落胆してエルサレムから下ってエマオへ向かう道中、復活したイエスが彼らに出会った情景である。二人はまだイエスの復活を知らない。彼が現れたのに。復活した彼が二人と別れて先を急ごうとしたのに対して彼らは引きとめ、「一緒に食事の席についたとき、イエスはパンを取り、賛美の祈りを唱え、パンを裂いて渡し」、その時はじめてそれが復活したイエスだと気づいたが、その姿は彼らに見えなくなった。

フィナーレ——神の愛の創造力（「神は愛」から「福音の喜び」へ）

モルトマンとほぼ同年代のベネディクト一六世にとっても希望は重要である。彼は信・

望・愛の絆とダイナミズムに関連づけながら「愛」が信仰生活の生命であると説く。

信仰と希望と愛は、互いに結ばれています。希望は忍耐の徳によって実践されます。忍耐は、明らかにうまくいかないときにも、善を行い続けるからです。希望はまた謙遜の徳によって実践されます。謙遜は神の神秘を受け入れ、暗闇の中で神を信頼するからです。信仰は、神がわたしたちのために御子を与えてくださったことを教えます。神は愛です。そのことが本当の真実であるという、勝利に満ちた確信を与えてくれるのも、信仰です。このようにして信仰は、わたしたちの性急さと疑いを確かな希望へと変えます。……黙示録の結びの驚くべきたとえが述べているように、どれほど深い暗闇の中でも、神が最後に栄光の内に勝利を収めることを希望します。信仰は、十字架上で刺し貫かれたイエスのみ心の内に示された神の愛を認めます。こうして信仰は愛を生み出します。愛は光です。そして、最終的に、愛こそ唯一の光です。この光は、闇の世をつねに照らします。そして、わたしたちが生き、働き続けるために必要な勇気を与えます。愛は存在することができます。そして、わたしたちは愛を実践することができます。わたしたちは神の像として造られているからです。（『神は愛』39）

現教皇フランシスコはイエスの復活の出来事を通して実現される神の愛の創造力の現実を福音の喜びとして次のように述べている。

イエスの復活は、過去の出来事ではありません。それは、世界を貫いたいのちの力を帯びています。すべてが死んだかのように思われるところどこにでも、復活は再び芽生えるのです。この力を止めることはできません。しばしば、神はいないかのように思われることは確かにあります。不正も悪意も無関心も、残酷な行為も減ることはなく、わたしたちはそれを目にしています。しかし、闇のただ中にあっても、新しい何かが必ず芽生え始め、ついには実りをもたらすこともまた確かなことです。破壊され尽くした土地でも、粘り強く負けることなく、いのちは回復するのです。多くの悲惨な出来事があるとしても、善は必ず回復し、広がろうとします。世界では日々、美が再生しています。歴史の悲劇を通過して、姿を変えてよみがえるのです。価値は、たえず新たな姿で再生されるものです。事実人類は、取り返しのつかないような状況から、何度も何度もよみがえってきました。これこそ復活の力であり、すべての福音宣教者はその力の担い手なのです。(『福音の喜び』276)

この福音の喜びによって人間ばかりでなく、天地（宇宙・自然）は新しくされるのである。「見よ、わたしは万物を新しくする」（黙21・5）。それこそ神の愛である。モルトマンは、証聖者マクシモスに依拠しつつ、この愛を三位一体の交わりにおける「神のエロース」の創造のわざに帰しているのである。(14)

註

（1）本文中の引用では新共同訳聖書、回勅・使徒的勧告はカトリック中央協議会のもの（教皇文書の引用末の数字は段落番号）、ウェルギリウス『牧歌・農耕歌』（小川正廣訳、京都大学学術出版会、二〇〇四）、『アウグスティヌス著作集』（日本基督教団出版局）5〈1・2〉（一九七九）と26（二〇〇九）を使用した。

（2）Theodor Haecker, *Vater des Abendlandes*, Köln: Köln, 1947.

（3）Hans Urs von Balthasar, *Herrlichkeit: eine Theologische Ästhetik*, B.1 Schau der Gestalt, Einsiedeln, Johannes Verlag, 1961, 49-50.

（4）岸千年・大田広助訳『キリスト教の愛の観念――エロースとアガペー』全三巻（新教出版社、一九七七）。

（5）鈴木健郎・川村克己訳『愛について――エロースとアガペー』（岩波書店、一九五九）。後に「平凡社ライブラリー」14・15に収録。

（6）野口啓祐訳『中世のキリスト教と文化』（Christopher Dawson, *Medieval Essays*, 1954）（新泉社、一九六九）二〇七―二五二頁（「浪漫主義の伝統」）。

（7）井筒俊彦・三辺文子訳（創文社、一九五七）。

（8）佐柳文男訳『ルイス宗教著作集』2（新教出版社、二〇一一）に収録。ルイスには宮廷愛について玉泉八州訳『愛のアレゴリー』（筑摩書房、一九七八）（*The Allegory of Love: A Study in Medieval Tradition*, Oxford, 1976）がある。

（9）Summa Theologiae 1a2ae, 26.4. Schwarz Denys Turner, *Thomas Aquinas: A Portrait* (New Haven: Yale University Press, 2013, ("Friendship and Grace," 145-168を参照)。

（10）Colin Brown, ed., *New Inroductory Dictionary of New Testament*, Exester: Pater Noster Press, 1976, vol.2, 547-49. ハンナ・アーレント著、千葉真訳『アウグスティヌスの愛の概念』（Hannah Arendt, *Der Liebesbegriff bei Augustin* : Versuch einer philosophischen Interpretation, 1929）（みすず書房、二〇〇二）はアウグスティヌスの「アモール」の概念を「ディレクツィオ」、愛というものの始まりから隣人愛への帰着点を探求した研究である。

(11) John Burnaby, *Amor Dei: A study of the Religion of St. Augustine*, London: Hodder & Stoughton, 1976, 21.

(12) Joseph Ratzinger, *Das Neue Volk Gottes: Entwürf zur Ekklesiologie*, Düsseldof: Patmos Verlag, 1969, 257-261.（"Schwarz bin ich,aber schön" HL 1, 5）, 特に脚註15の文献。

(13) Jürgen Moltmann, *Der lebendige Gott und die Fülle des Lebens auch ein Beirag zur Atheismusdebatte unserer Zeit*, Gütersloh: Güterloher Verlag, 2014.

(14) 前掲書、一五六―一五七頁。

旧約聖書と神の愛

佐久間　勤

「聖書は神様からのラブ・レターです。」私が尊敬するH先生はこのように聖書のクラスを始めたということを、今でも記憶している。とは言え、『雅歌』など少数の例外を除けば、聖書に愛の言葉が縷々書き記されているわけではない。それどころか厳しい叱責の言葉や、滅びを告げて恐怖心を煽るような言葉もある。祭壇の作りやさまざまな献げ物の規程が延々と続く『レビ記』の律法からは、冷たい法律用語しか目に飛び込んでこないかも知れない（だから旧約聖書が敬遠されるのだろうか）。

それでも聖書の言葉の背後に、わたしたちは無限の愛を感じる。おそらくラブ・レターというものは、愛を語らずとも愛を感じさせるものなのであろう。中世の文学『閑吟集』に収められた歌にこんなものがある。

あまり言葉のかけたさに、あれ見さいのう、空行く雲の速さよ

声をかけたいという望みは、いうまでもなく、愛情の高まりからくる。しかしこの歌い手は直接愛をかたるのではなくて、雲が速く流れているという、目の前にあるとりたてて言うこともないほどのできごとに目を向け体験を共有するように、と呼びかける。そこに愛情の交換への招きが提供される。

聖書も同様である。神の民が経験した歴史、神と民とが織りなした歴史が、物語や掟、預言、格言、詩歌など多くのジャンルの作品を通して伝えられる。大国の狭間にあった小さな民の歴史は、聖書という形で残されなければ、他の多くの民と同様歴史の舞台から消え去り、かつて存在したことさえも記憶に残らない。人間的に見ればとりたてて言うこともない民であった。そのありふれた小さな民と神は交わり、愛を注ぐ。旧約聖書に焦点を当て、聖書を通して感じ取られる神の愛について、しばし黙想してみたい。

1　人の答えを求める神の愛――申命記と愛の掟――

申命記六章には、神への愛を命じる掟がある。

聞け、イスラエルよ。我らの神、主は唯一の主である。あなたは心を尽くし、魂を尽くし、力を尽くして、あなたの神、主を愛しなさい。（申6・4―5）

「聞け、イスラエルよ」で始まるこの言葉は、冒頭の語に因んで「シェマーの祈り」とも呼ばれ、敬虔なユダヤ教徒は毎日これを唱える。また、隣人を愛せよという掟を加えて、全律法をすべて含む最高の掟ともされる（マタ22・37―40とその並行箇所）。しかし、愛は命じることができるのだろうか。

申命記六章の掟には、古代アッシリアの契約の条文が下敷きになっていると考えられる。申命記の法集が古代アッシリアのそれと類似した形式をもっているからである。その一つ、古代アッシリアの契約文書において「愛せよ」と命じられているのは、アッシリア帝国を宗主国とする属国の王たち、すなわちメディアの王たちであり、命じるのはアッシリア王アサルハドン（在位、紀元前六八一―六六九年）である。王は、自分の後継者として指名したアッシュルバニパルがやがて王位に就く暁には、属国の王たちが一切謀反の心を抱かず、忠義を尽くすようにと命じる。謀反には神々からの処罰という呪いが科せられることになっている。その中で第二四条に、次のような条文が見られる。

もしもおまえたちが王位継承者として指定されているアッシュルバニパル、すなわちおまえたちの主君、アッシリア王アサルハドンの息子を、おまえたちが自分たちのいのちを愛するのと同じように愛さないなら〔以下省略〕。

アサルハドン王自身、父王センナケリブから王位継承者に指名されたが、実際に王位に就くまで兄弟間の骨肉の争いを経験している。その轍を踏まないよう細心の注意を払ったのであろう。属国の諸王に王位継承への支持を約束させるこの同盟契約には、アッシュルバニパルへの王位継承を妨げるあらゆる種類の謀反行為が列挙されている。その文脈で「自分自身のいのちのように、アッシュルバニパルを愛する」という表現が主君への忠誠心の意味であることは明らかである。申命記の著者はこの種の契約文書の定型を、神と民との関係に当てはめたと考えられる。神は王であり、神の所有の民は皆、神のしもべ、神の奴隷として平等である。申命記で言われる「愛」が主従関係、主人と奴隷の関係において言われるものであれば、愛が「命じられる」のも当然である。

奴隷法と愛

出エジプト記に残されている古い奴隷法にも、同様の主従の「愛」が出てくる。

あなたがヘブライ人である奴隷を買うならば、彼は六年間奴隷として働かねばならないが、七年目には無償で自由の身となることができる。もし、彼が独身で来た場合は、独身で去らねばならない。もし、彼が妻帯者であった場合は、その妻も共に去ることができる。もし、主人が彼に妻を与えて、その妻が彼との間に息子あるいは娘を産んだ場合は、その妻と子供は主人に属し、彼は独身で去らねばならない。もし、その奴隷が、「わたしは主人と妻子とを愛しており、自由の身になる意志はありません」と明言する場合は、主人は彼を神のもとに連れて行く。入り口もしくは入り口の柱のところに連れて行き、彼の耳を錐で刺し通すならば、彼を生涯、奴隷とすることができる。（出21・2―6）

神の民は本来自由民であって、奴隷にされてはならないのだが、様々な理由で奴隷に身を落とす人も出てくる。経済的に困窮して、奴隷となって負債を返すようなケースがこの律法の背景にある。そこからの救済のために奴隷として働く期間を限定し、七年が過ぎればもとの自由民に戻れる、と定めている。例外として、奴隷の身分を継続する可能性も想定されていて、その条件は「主人を愛する」と、「妻子を愛する」である。この「妻子」は、主人が奴隷に与えた妻と、その妻が産んだ子たちを指していて、いずれも所有権は主人にある。そのため七年が過ぎて自由民に戻るときには、主人の所有である妻と子たちから離れて、独身に戻らなければならない。しかし例外規定として、主人と妻子を愛する場合に、奴隷の身分にとどまることが許される。

主人への愛と妻子への愛とは、意味するところが異なる。妻子への愛をいわば人質にして、主人への愛を強要し、自由意志によるのではなく強制的に奴隷として使い続ける場合も生じたのであろう。それゆえ申命記に取り入れられた奴隷法では、妻子への愛という条件に修正が加えられ、主人と主人の家族への愛となっている。

同胞のヘブライ人の男あるいは女が、あなたのところに売られて来て、六年間奴隷として仕えたならば、七年目には自由の身としてあなたのもとを去らせねばならない。

〔中略〕もしその奴隷があなたとあなたの家族を愛し、あなたと共にいることを喜び、「わたしはあなたのもとから出て行きたくありません」と言うならば、あなたは錐を取り、彼の耳たぶを戸につけて刺し通さなければならない。こうして、彼は終生あなたの奴隷となるであろう。女奴隷の場合にも同様にせねばならない。（申15・12―17）

比較すれば明らかなように、出エジプト記の奴隷法を申命記は修正している。奴隷としてとどまるという例外を認める条件が、出エジプト記の規程よりも厳しくなっているからである。主人とその家との関係が良好で、自由に主従関係を選んで、つまり愛して、奴隷としてその家にとどまるのでなければ、イスラエル人が奴隷にされてはならない、と定めている。奴隷に妻を与え家庭を築かせて、そのまま奴隷として縛り付けるという奴隷身分の固定化を、申命記の奴隷法は排除しようとしているのである。

主とその民の間の愛

ところで、主人への愛と自分の家族への愛とが、同じ「愛する」という語で言われるのであるから、愛するとはそれらを包括するより広い概念であるということになる。主人に向けられる下から上への愛と、家の頭として妻子に向ける上から下への愛である。仕える者としての忠実と、家族の存続に仕える者としての責任が、愛に含まれる。神の民が主に仕える忠実に対応して、主が神の民の運命を担う。申命記の次の言葉は、その民に向けられる神の愛の本質を的確に捉えている。

あなたは、あなたの神、主の聖なる民である。あなたの神、主は地の面にいるすべての民の中からあなたを選び、御自分の宝の民とされた。主が心引かれてあなたたちを選ばれたのは、あなたたちが他のどの民よりも数が多かったからではない。あなたたちは他のどの民よりも貧弱であった。ただ、あなたに対する主の愛のゆえに、あなたたちの先祖に誓われた誓いを守られたゆえに、主は力ある御手をもってあなたたちを導き出し、エジプトの王、ファラオが支配する奴隷の家から救い出されたのである。（申7・6―8）

エジプトやメソポタミアの大国など生産力の豊かな民を選べば、献げ物として神が受け取る「上がり」も莫大なものになったはずである。しかし主は貧弱な民を選んだ。もしも選んだ民から利益を得ることをねらったのなら、こんな貧しい民を選ぶはずはなかった。少しでも効率的に利益を得ようとする資本の原理からすると、この神は経営者としては失格である。主が自分の所有として選んだ「宝の民」とは、いわば諸大名の領地である「藩」に対する将軍の直轄地「天領」のようなものである。全世界は主のものであるが、主は諸国をそれぞれの神々に分け与えて、治めさせる。他方自らが直接治める民と土地として、イスラエルの民とカナンの土地を選ぶのである。主が直接統治するという特権的地位は、申命記の次の言葉でも表されている。

いつ呼び求めても、近くにおられる我々の神、主のような神を持つ大いなる国民がどこにあるだろうか。またわたしが今日あなたたちに授けるこのすべての律法のように、正しい掟と法を持つ大いなる国民がどこにいるだろうか。（申4・7―8）

「大いなる国民」つまりエジプトやメソポタミアの大帝国の国民は、それぞれの神々を介して間接的にしか、主と結ばれることはない。神の民だけが、主の宝の民だけが直接統治を受け、神のすぐそばにいるという特権を与えられているのである。

主がこの民を選んだのは、主が何かの利益を得ようとしてのことではない。それを表すのが、先に引用したとおり「主が心引かれてあなたたちを」選んだという表現である（申7・

7）。「心引かれる」とは、例えば、ヒビ人シケムがヤコブの娘ディナを「恋い慕った」（創34・8）という風に使われる、恋愛の感情を表す言葉である（ほかに申21・11、詩91・14、イザ38・17）。受け身形では、壁板と柄とが、あるいは、柱どおしが「結びつけられる」（出27・16、38・17など）という意味で使われる。だから主が宝の民に心引かれるとは、恋人を慕う強い感情をもって民を愛し、民に自らを結びつけようと望んでいることを言う。これに、しもべである民が主君である神に向ける純粋な主君への愛が対応する。申命記が命じる愛は、神とその民との強い結び、神の愛に応える絶対的な忠実の愛であり、神が民を愛する愛は、何らかの利益を求める交換の愛ではなく、愛するがゆえに愛するとしか言いようのない、人格的な愛である。

2 赦しと憐れみに基づく神の愛——預言者と神の愛——

イザヤの「ぶどう畑の歌」

神とその民が織りなす歴史は、しかし、大いに傷ついた愛の歴史であった。主が民をいくら愛そうとも、民の方はいっこうにそれに応えようとしない。預言者イザヤは「ぶどう畑の歌」という象徴的な歌によって、悲劇的な愛を歌う。イザヤはこれを、収穫祭である「仮庵の祭り」の宴会で歌ったのでは、とも言われる。

わたしは歌おう、わたしの愛する者のために、そのぶどう畑の愛の歌を。（イザ5・1）

歌い手は、友人が所有するぶどう畑について歌おう、と言い、収穫祭にふさわしい喜ばしい雰囲気で歌い始める。

ぶどうの栽培は非常な手間を必要とする。ぶどう畑をよく耕し、土の中に混じった石を取り除いてから苗を植える。畑の周囲には石を積み上げて垣で取り囲み、牛や羊が食い荒らすのを防がなければならない。ぶどうが育つ夏は雨が降らないので灌漑が不可欠であり、雑草を取り除く苦労もしなければならない。よい実をつけさせるには、年に二度の剪定作業が必要で、春には無駄な枝を払い、実がつき始めるころには余分な実を間引くという作業が待っている。実ったら実ったで、番小屋を建てて、畑を荒らす鳥や動物、盗賊からぶどうを守らなければならない……。多くの手間をかけてようやく手にできるぶどうの収穫は、それだけに、限りない喜びを人間にもたらす。ぶどう畑は最高の友、恋人のシンボルとなるほどに、人間の愛着の対象となる。とくに新たに開墾したぶどう畑から得られる最初の収穫には特別な愛着があり、兵役免除の理由の一つとなっているほどである。新婚の若者と並んで、新たに作付けしたぶどう畑の最初の実りを待っている農民も、兵役が免除される者のリストに入っている（申20・6─7）。人生の最高の喜びの一つが、ぶどう畑の収穫なのである。イザヤが友人の「ぶどう畑の愛の歌」を歌い始めたとき、それを聞く人々は、友人とぶどう畑の「恋の歌」、つまり、収穫の祭りに相応しく新婚の夫婦を讃える祝い歌を歌うのだと、期待したに違いない。しかし、その歌は意外な方向に転じていく。

わたしの愛する者は、肥沃な丘にぶどう畑を持っていた。よく耕して石を除き、良いぶどうを植えた。その真ん中に見張りの塔を立て、酒ぶねを掘り、良いぶどうが実るのを待った。しかし、実ったのは酸っぱいぶどうであった。（イザ5・1─2）

ぶどう畑を丹精込めて世話する様を歌う歌は、突然、期待外れの結果に転じ、甘美な歌を期待していた聞き手に冷や水が被せられる。しかし、この意外な展開に驚いて振り返るなら、歌い手が冒頭からこの結末を意図して伏線を設けていたことに気づかされる。伏線は、ぶどう畑の「愛の歌」が、その畑の所有者の友人の口によって歌われる、という設定にある。古代の習慣として、結婚が成立するまで、花婿が花嫁と直接話し合うことはできなかったために、問題や交渉ごとがあれば、花婿の友人に仲介を頼む必要があった。友人はいわば「仲人」の役割を果たしていたので、花婿自身でなく花婿の友人が語り始めるとすれば、何か解決しなければならない問題があるから、と予想すべきところなのだが、歌の冒頭の「愛する者」あるいは「愛の歌」などの言葉に覆い隠されて、歌の聞き手が気づかぬようにするトリックが仕掛けられている。しかし、ぶどう畑が期待された実りをもたらさなかった、という現実がついに露見し動かしがたい事実として確認されたとき、歌い手は友人からぶどう畑の持ち主へと切り替わる。ぶどう畑の所有者は、その愛するぶどう畑の不忠実という事実を確認し、ぶどう畑への処罰が正当であることを聞き手皆に納得させる。

さあ、エルサレムに住む人、ユダの人よ。わたしとわたしのぶどう畑の間を裁いてみよ。わたしがぶどう畑のためになすべきことで、何か、しなかったことがまだあるというのか。わたしは良いぶどうが実るのを待ったのに、なぜ、酸っぱいぶどうが実ったのか。（イザ5・3―4）

そして歌は「愛の歌」から離れ、裁きの場の言葉に遷移する。

さあ、お前たちに告げよう、わたしがこのぶどう畑をどうするか。囲いを取り払い、焼かれるにまかせ、石垣を崩し、踏み荒らされるにまかせ、わたしはこれを見捨てる。枝は刈り込まれず、耕されることもなく、茨やおどろが生い茂るであろう。雨を降らせるな、とわたしは雲に命じる。(イザ5・5―6)

期待通りには実らないぶどう畑であれば、農夫がそれを放棄し、荒れ果てるままにまかせるのは当然である。放棄された後のぶどう畑の行く末は、ぶどう畑をはぐくむときの作業よりも詳しく歌われる。農夫が注いだ愛に応えないぶどう畑は、注がれた愛をいかに無駄にしてしまったことか。処罰の厳しさには、裏切られた持ち主の憤りの大きさ、深さが表現されている。

さらに、このぶどう畑の持ち主が単なる人間的農夫ではないことが言われる。「雨を降らせるな、とわたしは雲に命じる」という句である。言うまでもなく、地に雨を降らせ、あるいは降らせないのは、主なる神であり(創2・5、王上18・1、詩104・13など)、したがって、このぶどう畑の持ち主、愛の歌を歌う農夫は、神自身のことであるということが、裁きの詞の中で明らかにされる。こうして「ぶどう畑の愛の歌」という表現に籠められたアイロニーが姿を現す。この歌は、主とその民の間の愛の歌であるが、むしろ「傷ついた愛」の歌と呼ぶべきであり、婚礼の晴れがましい喜びではなく、王国の滅亡という暗い未来を告げる歌であると知らされる。歌の冒頭が喜ばしい明るいトーンであるのは、その暗い結末まで聞き手の関心を引っ張る、チョウチンアンコウが餌食を引き寄せる、光るひげのようなものである。そして最後に、これまでのことが比喩であったことが暴露される。

イスラエルの家は万軍の主のぶどう畑、主が楽しんで植えられたのはユダの人々。主は裁き（ミシュパト）を待っておられたのに、見よ、流血（ミスパハ）。正義（ツェダカ）を待っておられたのに、見よ、叫喚（ツェアカ）。（イザ５・７）

ぶどう畑の持ち主である農夫は主なる神自身であり、ぶどう畑は神が愛し、心引かれて離れられない民のことである。神は「裁きと正義」つまり、神が望む秩序を、神の民というぶどう畑が実らせることを期待していた。神の民の一人ひとりの生活のすべて、神の民が形成する社会の隅々まで、神の望み、神の掟が行き渡ることを期待していた。しかし主が特別に愛したにも関わらず、民は応えようとしなかった。ぶどう畑の愛の歌という婚礼や収穫祭の晴れがましい歌は、いつの間にか、神と私たち人間の間に横たわる愛の問題を指摘する預言者の叱責へと変わっていく。私たちはこの歌をどのように受け止めるだろうか。どこまでも他人事として、何も応えないで、今の生をこれからも続けるだけなのだろうか。それとも、他人の悲しい事件が実は自分自身への叱責であったと悟って、今後は愛に応えて生きようとするだろうか。この問いが自分に向けられていると知れば、「ぶどう畑の愛の歌」は私たちの中に愛を実らせてくれる出発点となるだろう。

ホセアの結婚

神の望みを伝える預言者たちは、言葉によるばかりではない。預言者の生涯自体が神からのメッセージとなる。紀元前八世紀にイスラエル王国で活動した預言者ホセアの結婚もそのような例の一つである。不忠実な妻に対し夫ホセアは厳しい処罰を望む一方で、新たな出発を希望してもいる。その心の揺れは、不忠実な民に対する神自身の心の揺れを映し出している。

不忠実な妻を処罰しようとして、ホセアは子どもたちにその母親を訴えさせる。

告発せよ、お前たちの母を告発せよ。彼女はもはやわたしの妻ではなく、わたしは彼女の夫ではない。

彼女の顔から淫行を、乳房の間から姦淫を取り除かせよ。さもなければ、わたしが衣をはぎ取って裸にし、生まれた日の姿にして、さらしものにする。また、彼女を荒れ野のように、乾いた地のように干上がらせ、彼女を渇きで死なせる。（ホセ2・4―5）

ここで、結婚契約の定型文が逆の形で使われている。結婚の契約は「彼女は彼の妻である。彼は彼女の夫である」という定型文を用いて結ばれるのだが、それが否定文に変えられて、離婚が宣言される。離婚の原因は「淫行」、「姦淫」とされるが、預言者の言葉を先まで読んでいくと、不倫の相手は単なる人間ではなく、豊穣をもたらす神々であるらしいことが見えてくる。

わたしはその子らを憐れまない。淫行による子らだから。その母は淫行にふけり、彼らを身ごもった者は恥ずべきことを行った。彼女は言う。「愛人たちについて行こう。パンと水、羊毛と麻、オリーブ油と飲み物をくれるのは彼らだ。」〔中略〕彼女は知らないのだ。穀物、新しい酒、オリーブ油を与え、バアル像を造った金銀を、豊かに得させたのは、わたしだということを。それゆえ、わたしは刈り入れのときに穀物を、取り入れのときに新しい酒を取り戻す。また、彼女の裸を覆っている、わたしの羊毛と麻とを奪い取る。こうして、彼女の恥を愛人たちの目の前にさらす。この手から彼女を救い出す者はだれもいない。（ホセ2・6—7、10—12）

歌い手は預言者ホセアであるが、歌の中の「わたし」は、ホセアから主へと転じている。主が豊かな産物の与え手であるのに、彼女、つまりホセアの妻は、それを「知らず」、ほかの愛人たちの後をついて行った。神の像を造ることは律法によって禁じられているのに、彼女は「バアルの像」を造った……。愛人たちとは、主に対抗する神々、民に食糧と贅沢品を保証する神々のことであることが見えてくる。ホセアに対して不忠実な妻は、主に対して不忠実で、ほかの神々、御利益を保証してくれる神々にひれ伏している神の民の象徴である。彼女の顔にある「淫行」、彼女の乳房の間にある「姦淫」とは（ホセ2・4）、神々のシンボルを刻んだ額の飾りや首飾りのことを言っている。護符のようなもので、願い事をする神々の像やシンボルが書き込まれている。それを身につけているということは、その神々の氏子であることを公言するものである。

預言者ホセアの時代のイスラエル王国は、王朝の交代を頻繁に繰り返したこの国の歴史の中では例外的に、長期に亘るヤラブアム二世の治世の下、平和を享受し、繁栄を謳歌していた。人々は物質的豊かさを維持するため、神々に頼った。中でもカナンで最も力をもつバアルという若い雷の神は、諸々の神々を従わせる最も頼りがいのある神であった。物質的な利益の保証を、自分たちをエジプトから導き出した先祖の神、主ではなく、物質的生産を直接管轄するバアルに頼る、というのがホセアの時代のイスラエル王国の常識であったのであろう。そうでなければ、食物の与え手が主であると「知らなかった」（ホセ2・10）ではなく「忘れた」と表現されるはずだからである。日常の物質的幸せには、主は直接関与しない。それがホセアの時代の宗教的常識であった。とすればホセアの妻が豊穣の神々の祭儀に参列し、毎年、農業生産の成果を保証してもらおうとしても、決して主に対する背信にはならなかったことになる。しかしこの常識を預言者は覆す。その結果、預言者の言葉と行いがそれほどの衝撃をもって受け止められ、後の時代に警告として伝えられることになった。

利益を求めて神々を選択する、という人間の功利的な宗教的態度はホセアの時代のイスラエルでそうであったように、現代でも相変わらず人々の心を支配している。神に対しサタンが皮肉をこめて言っているとおり、人間は「利益もないのに神を敬うでしょうか」（ヨブ1・9）。御利益を奪い取れば、人間はたちまち「面と向かってあなたを呪うにちがいありません」（ヨブ1・11）。そしてマンモンが神として崇められ、人間の尊厳や人権は傷つけられていく。

さて、子どもたちに母親を告発させ、裸にしてさらしものにするという厳しい態度を示したホセアだったが、決して妻を切り捨てる意図はなかった。むしろ、不忠実な妻が自分の方へ向き直ることを願っている。先ほどの引用で省略した部分がそれを示している。厳しい処罰を望む言葉の中央に、次のような寛大な言葉が置かれている。

その母は淫行にふけり、彼らを身ごもった者は恥ずべきことを行った。彼女は言う。「愛人たちについて行こう。パンと水、羊毛と麻、オリーブ油と飲み物をくれるのは彼らだ。」それゆえ、わたしは彼女の行く道を茨でふさぎ、石垣で遮り、道を見いだせないようにする。彼女は愛人の後を追っても追いつけず、尋ね求めても見いだせない。そのとき、彼女は言う。「初めの夫のもとに帰ろう、あのときは、今よりも幸せだった」と。（ホセ2・7―9）

ここは典型的な判決のスタイルをもっている。「それゆえ」という接続詞に先行する部分は犯罪行為を確認する罪状認定であり、「それゆえ」の後には、認定された犯罪行為に対応する処罰が宣言される。処罰が寛大なものになっているのに気づくだろう。彼女が愛人たちのところに行く道を塞いで、最終的にはもとの夫のところに戻りたいと願うように仕向ける、というのであるから、淫行という犯罪行為に対する処罰とは言えないほどの軽いものである。

厳しい処罰で脅す言葉の中央に、回心を願う寛大な心がある。不忠実な民を神は正義に基づいて罰しなければならないが、その本心は、苦しめるために苦しめるのでなく、苦しみをとおして本心を取り戻すこと、つまり、回心を願っているのである。

さらに預言者は、新婚の時の睦まじい関係に戻れることを夢想する。

彼女はバアルに香をたき、鼻輪や首飾りで身を飾り、愛人の後について行き、わたしを忘れ去った、と主は言われる。それゆえ、わたしは彼女をいざなって、荒れ野に導き、その心に語りかけよう。そのところで、わたしはぶどう園を与え、アコル（苦悩）の谷を希望の門として与える。そこで、彼女はわたしにこたえる。おとめであったとき、エジプトの地から上ってきた日のように。（ホセ2・15―17）

ここでも判決のスタイルが用いられ、「それゆえ」という接続詞の前に犯罪行為の認定、後ろに処罰が置かれる。しかし、この言葉を述べるのは、もはや、夫ホセアではなく、イスラエルの神自身に変化している。しかも、処罰の内容は、処罰とは言えないものである。「荒れ野」の時代、主と民のほかに誰もおらず、水入らずで過ごした「エジプトの地から上ってきた日」に戻ること、つまり、主と民との結びの初めに回帰することを、主は願う。ホセアとその妻との関係に戻して言えば、新婚の睦まじい時期に帰ってやり直すのである。「その心に語りかけよう」という表現もそのことを言い表している。分断された兄弟の交わりを回復しようとして、ヨセフは兄弟たちの「心に語りかけ」る（創50・21、ただし新共同訳は「優しく語りかけた」と翻訳）。傷ついた関係を修復するために、勇気を持って心を向け変えるように呼びかけるのが「心に語りかける」という行為である。神はその不忠実な民に、夫は不忠実な妻に、回心を呼びかけている。夫婦の結びが修復されるときには、夫は語りかけ、妻はこたえる。その応答は豊穣というこたえとなって世界を満たす。

その日が来れば、わたしはこたえると、主は言われる。わたしは天にこたえ、天は地にこたえる。地は、穀物と新しい酒とオリーブ油にこたえ、それらはイズレエル（神が種を蒔く）にこたえる。（ホセ2・23―24）

これまで夫・妻の関係が神・民の関係のメタファーになっていたが、ここでは逆に神・民の関係が前面に打ち出されている。いずれかが他方のメタファーであるというのではなく、両者が互いにメタファーとして渾然一体となっている。

ホセアの預言者としての活動の時期は、経済的にも政治的にも安定した平和で豊かな時期であったが、間もなくアッシリア帝国に滅ぼされ（前七二二年）、繁栄はうたかたの夢と消える。預言者の警告は現実のものとなる。しかし同時に、そこには回心への呼びかけも含まれていたのである。

ああ、エフライムよ、お前を見捨てることができようか。イスラエルよ、お前を引き渡すことができようか。アドマのようにお前を見捨て、ツェボイムのようにすることができようか。わたしは激しく心を動かされ、憐れみに胸を焼かれる。わたしは、もはや怒りに燃えることなく、エフライムを再び滅ぼすことはしない。わたしは神であり、人間ではない。お前たちのうちにあって聖なる者。怒りをもって臨みはしない。（一一・8―9）

エフライムはイスラエル王国を指す。イスラエル王国の数々の背きが列挙されたあとで、この言葉が言われる。イスラエル王国は安全保障のためアッシリア帝国の属国となり、貢ぎ物を捧げるために「愛人」であるアッシリアに使節を送る。首都にはアッシリアの神々に捧げられた神殿を建て、主を「忘れる」。しかし、このような背信の民を神は罰しようとして罰しきることができないでいる。正義に基づけば「アドマやツェボイムのように」見捨てるべきところなのに、憐れみがそれを許さない。神の心は正義と憐れみの間で引き裂かれ苦しむが、ついに憐れみが勝利する……。このように神を非常に人間的に描いて、できごとの背後にあるいは深奥にある神の思いを表現する。歴史的には、エフライムは間もなく滅ぼされるのだが、神が「怒りをもって臨む」行為と人間が受け止める国の滅亡というできごとにも、つまり人間が苦しむできごとにも、神は同様に、いやむしろもっと激しく苦しんでいることが感じ取られる。エフライムが滅んだとしても、呼びかけに応えて回心するなら、神に心を向け直すなら、エフライムを復興することなど、神にはなんでもないことであろう。エフライムが滅ぼされ、次にユダが滅ぼされ、ついに神の約束のすべてが失われたと思われたバビロン捕囚の時代にも、預言者の言葉は回心への呼びかけとして、再び、人々の心に響くことになる。弱小の民に落ちぶれたとしても、神はこの民を途絶えさせはしない。むしろ、神に希望を置く「小さい者」として生きるという、新たな神と民との結びの再構築への呼びかけが歴史の背後にあると、聖書の民は確信したのである。

まとめ

神がその民に注ぐ愛は、一方では万物の創造主としての愛として、主人がしもべを愛する愛として、他方では夫が妻を愛する愛として描かれている箇所を読んできた。そのほかにも、親が子に注ぐ愛として描かれる箇所もある。その一例をホセア書から引用する。

まだ幼かったイスラエルをわたしは愛した。エジプトから彼を呼び出し、わが子とした。〔中略〕エフライムの腕を支えて歩くことを教えたのは、わたしだ。しかし、わたしが彼らをいやしたことを彼らは知らなかった。わたしは人間の綱、愛のきずなで彼らを導き、彼らの顎から軛を取り去り、身をかがめて食べさせた。（ホセ11・1―3）

正しく歩くことを中心に養育がメタファーとして用いられている。「人間の綱、愛のきずな」は教師が使う愛の鞭であり、古代の教育の場面では通常の教育手段の一つだった。主がダビデに永遠の王朝を約束する場面で、ダビデの後継者ソロモンについて、正しく歩まないなら神から訓練されると言われる。

あなたが生涯を終え、先祖と共に眠るとき、あなたの身から出る子孫に跡を継がせ、その王国を揺るぎないものとする。この者がわたしの名のために家を建て、わたしは彼の王国の王座をとこしえに堅く据える。わたしは彼の父となり、彼はわたしの子となる。彼が過ちを犯すときは、人間の杖、人の子らの鞭をもって彼を懲らしめよう。（サム下7・12—14）

人間の経験世界に見いだされる愛の関係は、神とその民の間の愛の関係を表現するものとなる。そもそも愛は見えないものだが、確かに経験される。見えない神の見えない愛もまた、この世の事象から感じ取られるべきものである。

聖書には人間の愛を物語る箇所も数多い。ダビデとヨナタンの友情（サム上21章）、サムエルの母ハンナへのその夫エルカナの愛情（サム上1・8）など、愛による良好な人間関係もあれば、ヨセフを横恋慕したポティファルの妻の邪悪な愛（創39章）、アブサロムの妹タマルを辱める結果となったアムノンの禁じられた愛（サム下13章）もある。特に後者二例は、愛情が一瞬にして憎しみに変化するというエピソードであり、失敗に終わる愛がどのような問題をはらんでいるかが、そこから窺える。結論のみを記せば、愛が憎しみに変わったのは、その愛が相手を支配することを望む愛であったからであり、その意味で愛と憎しみは対立するのではなく、同じ本質をもつ一つのものである。

サウルの娘でダビデの妻となったミカルの愛も、実りをもたらすことなく終わった（サム上14章、18章、19章、25章、サム下3章、6章参照)。女性が「愛する」という動詞の主語となるのは非常に珍しい。主体的に行動する女性として描かれるミカルだが、その愛の歴史は夫ダビデに対する冷え切った皮肉な眼差しで結ばれる。不毛な結末をもたらした原因は、ミカルがダビデをよく「知らず」、ダビデよりは父サウルに忠義立てしようとしたからと思われる。ダビデによって滅ぼされたサウルの恨みの火を、生涯、ダビデのそばで燃やし続けていたのである。ミカルの愛から学べるとすれば、神の愛に応えるには、神が誰であるのかを正しく「知る」必要がある、ということだ。

愛の呼びかけ、憐れみと赦しの愛、そして失敗に終わる愛。人間の愛から神の愛を知ることができる。この世のすべては神からのラブ・レターであり、一つひとつを大切に味わい、思いを深めるなら、神の愛はやがて疑う余地もない姿で、人間の目の前に現れる。我々がこの手紙の行間を読む能力を持っていれば……。

キリスト者が「愛する者たち」でいるために
――『ルカ福音書』の愛に関することばから――

山中　大樹

キリスト教は「愛の宗教」と呼ばれることがあるようだが、キリスト者間にある分裂などの現実からすれば、キリスト教がそのように呼ばれる理由は「キリスト者が愛を実践しているからだ」とは単純に言えないだろう。むしろ「救いの創始者」（ヘブ2・10）であるイエスが愛を教え、愛を生き、彼に従うことを望んだ人々を愛へと招いたこと、それゆえにキリスト者も愛への可能性を持つことにその理由があると思われる。この小論では『ルカ福音書』においてどのようにイエスが当時の人々に愛を教え、生き、また、どのように現代に生きる私たちを愛に招いているのか考えてみたい。それによって私たちキリスト者が愛においてより深く変容し、全ての人に愛を生きることの深層が明確になればと願っている。

ところで、本来ならば同一著者による『使徒行伝』をも含めて論ずべきである。なぜなら

『使徒行伝』は『ルカ福音書』の続きとして、イエスの教えを実践する共同体の発展が描かれているからである。しかし、委ねられているページ数から推して、本論では『使徒行伝』については必要に限って言及するに留めることとする。また、聖書を引用する場合は、筆者が試みに訳したものを用いることとする。

1.『ルカ福音書』に現れる愛に関する語群

『ルカ福音書』はギリシア語（コイネー）で書かれたと考えられているので、私たちが「ルカ福音書における愛」を考えるときにも順を追って考えていく必要がある。つまり、「愛（名詞）」「愛している（形容詞）」「愛する（動詞）」と日本語を通して私たちが理解する内容を、福音書の著者（便宜的にルカと呼ぶ）と彼の読者たちがギリシア語を通してどのように捉えていたか簡単には述べることができないからである。それゆえ、まず日本語の「愛」「愛している」「愛する」に訳しうるギリシア語の言葉を特定し、それらがどのように『ルカ福音書』で使われているのかを確認することが助けになるように思われる。この作業の際、他の福音書との比較を加えるが、それによって『ルカ福音書』での用法の特徴が多少とも明らかになるかもしれないからである。

1．名詞「愛」

①「情熱的愛」を表すと言われるエロースは新約聖書で使われない（七十人訳旧約聖書[1]では箴7・18と30・16の2回使われる）。

②「友愛」を表すと言われるフィリアは四福音書には現れず、新約聖書全体で1回使われる。しかし、同根の形容詞フィロス（「愛している」を意味する）が「友」を表す名詞として用いられる。この単語はマルコ0回、マタイ1回、ルカ15回、ヨハネ6回（使3回、新約聖書全体では合計29回）と使われている。また、同根の名詞フィレーマ（「キス」を意味する）はルカ2回（新約聖書全体では7回）と使われ、この語で表される動作は罪の赦しについての論議（7・45）とユダの裏切り（22・48）の場面で重要な役割を果たしている。

③「愛」を表すと言われるアガペーはマルコ0回、マタイ1回、ルカ1回、ヨハネ7回（使0回、新約聖書全体では116回）と使われている。

④これらの他に「兄弟愛」を表すフィラデルフィア（新約聖書全体で6回）とフィラデルフォス（同1回）、「金銭への愛着」を表すフィラルギュリア（同1回）、「人間愛・親切」を表すフィラントローピア（使1回、新約聖書全体では2回）が使われるが、いずれも四福音書

	ルカ	マルコ	マタイ	ヨハネ	使徒	新約全体
フィロス	15x	0x	2x	6x	3x	29x
フィレーマ	2x	0x	0x	0x	0x	7x
アガペー	1x	0x	1x	7x	0x	116x

表①

では用いられない。

以上からルカにおける「愛」に関する名詞について上の表①のように纏められる。この表だけから考えると、ルカは「愛」に比べると「友」という具体的関係性により興味を持っていると言えるかも知れない。

2. 形容詞「愛している」

①エロースと同根の形容詞はエローティコスだが、この形容詞は七十人訳旧約聖書でも新約聖書でも用いられない。

②フィリアと同根の形容詞は既に指摘したようにフィロスであり、新約聖書では名詞化されて使われる。この他に、「愛すべき状態」を表すプロスフィレース（フィレ4・8）、「夫を愛する状態」を表すフィランドロス（テト2・4）、「自己愛の状態」を表すフィラウトス（二テモ3・2）、「金を愛する状態」を表すフィラルギュロス（二テモ3・2）、「快楽を愛する状態」を表すフィレードノス（二テモ3・4）、「神を愛する状態」を表すフィロテオス（二テモ3・4）、「子を愛する状態」を意味するフィロテクノス（テト

アガペートス	ルカ	マルコ	マタイ
イエスの洗礼	3:22	1:11	3:17
イザヤ預言の成就	—	—	12:18
イエスの変容	9:35、使わない	9:7	17:5
ぶどう園の主の譬え	20:13	12:6	21:37、使わない

表②

2・4）といった形容詞があり、これらの語は新約聖書全体で各1回ずつ現れるが、[2]ルカでは用いられない。

③アガペーと同根の形容詞はアガペートスだが、この形容詞はマルコ3回、マタイ3回、ルカ2回、ヨハネ0回（使1回、新約聖書全体では61回）と使われ、いわゆる共観福音書[3]では神とイエスの関係を表す場面と（ルカはイエスの変容には採用せずイエスの洗礼だけで使う／マタイは12・18で神とイエスの関係をイザヤ預言の成就として記述するが並行記事はない）、ぶどう園を借りた農夫たちの譬えで使われている。後者の譬えは「ぶどう園の主」が神、「愛する子」がイエスを指すものとして読むことができるので、ここでも神とイエスの関係がアガペートスによって叙述されていると考えて良いだろう（表②）。

以上からルカにおける「愛」に関する形容詞について次頁の表③のように纏められる。この表だけから考えると、ルカは「愛」に関する形容詞を神とイエスの関係に留保しているようである。これはマルコ、マタイとも共通し、ヨハネには見られないので、共観福音書の特徴だと言えそうである。

	ルカ	マルコ	マタイ	ヨハネ	使徒	新約全体
アガペートス	2x	3x	3x	0x	1x	61x

表③

	ルカ	マルコ	マタイ	ヨハネ	使徒	新約全体
フィレオー	2x	1x	5x	13x	0x	25x
アガパオー	13x	5x	8x	37x	0x	143x

表④

3. 動詞「愛する」

①エロースと同根の動詞はエラオーであるが、名詞・形容詞と同様にこの動詞も新約聖書では使われない（七十人訳旧約聖書では2回使われる）。

②フィリアと同根の動詞はフィレオーであるが、この動詞はマルコ1回、マタイ5回、ルカ2回、ヨハネ13回（使0回、新約聖書全体では25回）と使われている。

③アガペーと同根の動詞はアガパオーであるが、この動詞はマルコ5回、マタイ8回、ルカ13回、ヨハネ37回（使0回、新約聖書全体では143回）と使われている。

以上からルカにおける「愛」に関する動詞について表④のように纏められる。この表だけから考えると、ルカはヨハネほどではないとしても他の共観福音書に比べて、「愛する」ことについて述べようとしていそうである。また、ルカはマルコとマタイには見られない文脈で「愛」についての記述があると推測される。

ここまで『ルカ福音書』における愛に関する語群の使用具合を見てきたが、少なくとも他の共観福音書よりも「愛」に関して多く書き記していそうだと帰結できそうである。また、『使徒行伝』との関連で考察を加えるとすれば、『使徒行伝』は愛に関する語群が『ルカ福音書』に比べると極端に少なくなっていることに注目すべきであろう。これはイエスが主役である福音書ではイエスの教えや活動・生と死が中心的に描かれるのに対して、使徒たちを主役にする行伝では彼らの宣教活動が主なテーマとされていることに関連するのかも知れない。

2.『ルカ福音書』の愛に関する語群の用法

『ルカ福音書』における愛に関する語群が特定されたが、私たちの考察の次ステップとして、これら語群の用法に何らかのルカ的特徴があるのか検討してみたい。そのために『ルカ福音書』が物語であるということに注目してみるが、それはこれらの語が愛に関する抽象的論文で使われるのではなく、具体的な文脈で、具体的な登場人物（あるいはナレーター）によって用いられるからである。つまり、誰が、誰に対し、どの様な状況で語るかによって、「愛」に込められる意味合いも異なりうるからである（例えば「愛」を語るのが「親から子へ」と「妻から夫へ」、「冗談の文脈」と「別れの文脈」では同じ「愛」という共通性を持ちつつもニュアンスの異なりが発生することを想像すればよい)。

1. エロース、フィリア、アガペー

この作業に入る前に、愛の語群の意味を再度確認しておくのが良いように思われる。即ち、先にエロースは「情熱的愛」、フィリアは「友愛」、アガペーは「愛」と記しておいたが、より精確な語感の差異理解がこの考察のために助けとなるかも知れないからである。ここでは新約聖書研究のために度々用いられるBDAG(4)と略称される辞書を用いてこれらの語を確認してみよう。なお、同根の形容詞と動詞の意味については、ここに挙げる名詞の意味から推測して頂ければと思う。

①エロースは「熱情、愛情(愛着)」を意味し(BDAG, p.395)、愛の感情的側面を描くか、感情的な愛を描く言葉だと考えられる。

②フィリアは「友情、愛」を意味し(BDAG, p.1057)、特に友人関係にある者への肯定的感情を表す言葉だと考えられる。

③アガペーは「他者への温かい好意・関心としての尊敬・敬意・愛情」を意味し(BDAG, p.6)、これを持つ者の性質・傾向とその表出行為を表す言葉だと考えられる。また、この語

は神に対しても人間に対しても用いられているのだから、神と人間の本性に関する一つの用語だとも言えるだろう。

以上からすれば、これら三つの名詞は、他存在に対する一定の肯定的感情を共通にしつつ、その多様な側面をそれぞれに表現しており、エロースは愛の情念的側面、フィリアは友の関係における愛、アガペーは愛の普遍的側面を強調している。しかし、様々な具体的場面を想定してみると、そこに存在する肯定的感情が言葉化されるには、個別的表現者（話者・著者）が情念を強調するのか、関係性を強調するのか、一方からの他方への敬意を強調するのかによって、選ばれる単語が変わってくることは比較的容易に予想できるであろう。更に、単語の選びは強調したいニュアンスによるだけではなく、その文脈の用語傾向や著者の単語選びの傾向とも関わりうることは、私たち自身が日常の会話や作文作業で経験しているところでもある。それゆえ、ルカにおける「愛」に関する語群の考察の場合も、「どの単語が採用されているか」だけではなく、「それがどういった文脈に置かれているか」にも注目することで、より適切な理解を導き出しうるように思われる。

2.「愛」に関する語群とその文脈

		ルカ		マルコ	マタイ	ヨハネ	新約全体
名詞	フィロス	15x	7:6, 7:34, 11:5 [2x], 11:6, 11:8, 12:4, 14:10, 14:12, 15:6, 15:9, 15:29, 16:9, 21:16, 23:12	0x	2x	6x	29x
	フィレーマ	2x	7:45, 22:48	0x	0x	0x	7x
	アガペー	1x	11:42	0x	1x	7x	116x
形容詞	アガペートス	2x	3:22, 20:13	3x	3x	0x	61x
動詞	フィレオー	2x	20:46, 22:47	1x	5x	13x	25x
	アガパオー	13x	6:27, 6:32 [4x], 6:35, 7:5, 7:42, 7:47 [2x], 10:27, 11:43, 16:13	5x	8x	37x	143x

表⑤

まずこれまでに取り上げた一連の語群がルカのどこで用いられているのかを確認してみると、各語とその配分は表⑤の通りである。

この表を『ルカ福音書』が語る順序に沿って次頁以下に並び替えてみるが（表⑥）、①文脈、②語り手、③愛の主体、④愛の客体の４点から分析を加えてみる。[5] また、分析の際、共観福音書に類似の記述、いわゆる「並行」する箇所があればその情報を加えることにする（「…」は並行した文章・表現がない、「cf.+章節」は並行した文章・表現はないが並行記事はある場合の該当箇所を示す）。

ルカ	ギリシア語	文　脈	語り手	愛の主体	愛の客体	マルコ	マタイ
3:22	アガペートス	イエスの洗礼でイエスが「私の愛する子」と呼ばれる	天の声	神	イエス	1:11	3:17
6:27	アガパオー	平地の説教の一部で、敵を愛することを教える	イエス	あなたたち＝弟子たち	敵たち	…	5:44
6:32 [4x]	アガパオー	同上	イエス	あなたたち＝弟子たち 罪人たち	あなたたちを愛する人々 彼らを愛する人々	…	5:46「罪人たち」ではなく「徴税人たち」
6:35	アガパオー	同上	イエス	弟子たち	敵たち	…	… cf. 5:44
7:5	アガパオー	百人隊長の僕を治癒する	ユダヤの長老たち	百人隊長	ユダヤの国民	…	… cf. 8:5-13
7:6	フィロス	同上	ナレーター	百人隊長	友たち	…	… cf. 8:5-13
7:34	フィロス	洗礼者ヨハネの問いをきっかけに群衆に教える	イエス	徴税人たちと罪人たち	友＝イエス	…	11:19
7:42	アガパオー	女の塗油をきっかけにイエスが借金を帳消しにされた二人の僕の譬えを語る	イエス	借金を帳消しにされた二人の僕	借金を帳消しにした主人	…	… cf. 26:6-13
7:45	フィレーマ	同上	イエス	女	イエス	… cf. 14:3-9	… cf. 26:6-13
7:45 [2x]	アガパオー	女の赦しをイエスが宣言する	イエス	女 少し赦された者	(多く) (少し)	…	… cf. 26:6-13

(9:35)	アガペートス ルカでは「私の子、選ばれた者」	イエスの変容でイエスが「私の(愛する)子」と呼ばれる	雲からの声	神	イエス	9:7	17:5
10:27	アガパオー	ある律法学者の永遠の生命を受け継ぐための質問をきっかけにイエスが教える	ある律法学者が律法を引用	あなた=イスラエル	あなたの主なる神とあなたの隣人(動詞が欠落)	12:30-31	22:37、39
11:5 [2x]	フィロス	主の祈りの直後、イエスは弟子たちに求めることを譬えで教える	イエス	あなたたち(=弟子たち)の誰か	友	…	…
11:6	フィロス	同上	イエス	あなたたちの誰か	旅の途中の友	…	…
11:8	フィロス	同上	イエス	友	あなたたちの誰か	…	…
11:42	アガペー	あるファリサイ派の人に食事に招かれた時、イエスがファリサイ派を批判する	イエス	ファリサイ派の人々	神(への愛をないがしろにする)	…	… cf. 22:23
11:43	アガパオー	同上	イエス	ファリサイ派の人々	会堂の上席と市場の挨拶	…	23:6-7 フィレオーを使う
12:4	フィロス	上記批判に続いて、弟子たちへ教える	イエス	イエス	弟子たち	…	… 10:28 にフィロスはない
14:10	フィロス	あるファリサイ派指導者の家での食事でイエスが教える	イエス	あなたを招いた人	あなた=指導者に招かれた人々	…	…

14:12	フィロス	同上	イエス	イエスを招いた人＝指導者	彼の友たち	…	…
15:6	フィロス	徴税人と罪人を受け入れ食事をするイエスを批判するファリサイ派と律法学者たちに三つの譬えを語る	イエス	100匹の羊を持つ人	友たち	…	… cf. 18:12-14
15:9	フィロス	同上	イエス	10ドラクマを持つ女	女の友たち	…	…
15:29	フィロス	同上	イエス	兄	友たち	…	…
16:9	フィロス	15章の譬えに続いて、イエスは弟子たちに譬えで教える	イエス	弟子たち	友たち（を不義の富で作れ）	…	…
16:13	アガパオー	同上	イエス	僕	主人	…	6:24
20:13	アガペートス	祭司長、律法学者、律法学者たちとの権威論争の後、イエスが譬えを語る	イエス	ぶどう園の主人	子	12:6	21:37にアガペートスはない
20:46	フィレオー	論争後、イエスは弟子たちに教える中で律法学者を批判する	イエス	律法学者たち	市場での挨拶、会堂での上席、食事の上席	12:37b-38にフィレオーはない	23:6
21:16	フィロス	イエスが神殿境内である人々に終末について教える	イエス	あなたたち＝人々	友たち（から引き渡される）	13:12にフィロスはない	10:21にフィロスはない
22:47	フィレオー	イエスの捕縛	ナレーター	ユダ	イエス（接吻の意味）	14:45でカタフィレオーを使う	14:45でカタフィレオーを使う

22:48	フィレーマ	同上	イエス	ユダ	イエス	… cf. 14:43-52	… cf. 26:47-56
23:12	フィロス	イエスの裁判	ナレーター	ヘロデとピラト	ヘロデとピラト	…	…

表⑥

この表について詳細に検討する前に概観すれば、『ルカ福音書』において「愛」に関する語群は、①誕生・幼年物語（1—2章）と復活物語（24章）以外で広く使われる、②ルカの愛の用語はマルコとマタイに並行箇所を見つけられるケースが少ない、③マルコとマタイに並行記事があってもルカにだけ愛の語群が使われていることがある、④神、イエス或いはナレーターが語る場合が愛の語群が使われるケースの大半を占める、⑤愛の主体は神、イエス、弟子たち、イエスに反対する者たちの場合がありうるが、ある種の愛はイエスの批判対象となっている、⑥愛の客体は愛の主体に応じて多様であるといった点を特徴とする。これら諸点を踏まえながら、更に詳しくこの表を分析し、ルカにおける「愛」の特徴を探ってみよう。

3.『ルカ福音書』に描かれる「愛」

愛に関する語群の用法について検討した表⑥によると、ルカで描かれる愛は多様である。しかし、愛の主体という変数は神・イエス・弟子たち・他の人々と比較的限定的であるから、ここでは愛の主体を分類軸に分析してみることにする。

1. 神の愛

神が主体となる愛は三章二二節で直接的に描かれるが、既に指摘したように二〇章一三節も神の愛を描くと考えて良い。この二か所で表される神の愛の特徴はアガペートスという形容詞が用いられ、この形容詞が「私の子」を修飾している点である。この言葉の組み合わせ「私の愛する子」によって、神とイエスの関係が「父＝子」であり、神のイエスに対する態度が肯定的であると表されている。

三章二二節はイエスの洗礼の場面であるが、公生活の前に置かれているから、神の愛が以降のイエスの言動に先行している、あるいはイエスの言動として以後に描かれることが神によって先んじて肯定されていることを表していると考えられる。そして、この言葉は天からの声、つまり神の声によるのだから、神がイエスを肯定することによって、『ルカ福音書』の読者はその後のイエスの言動を神意に適うものとして、安心して読み進みうる効果も持つ。

二〇章一三節であるが、イエスが彼に敵対する者たちとの権威論争後に語る譬え話の中に置かれている。つまり、ここで描かれる神とイエスの関係は、イエスが神の子であり、神から愛されているという自己認識・経験を譬えに反映させて語っていることになる。この点からすれば、この譬え話はイエスの敵対者たちがイエスに抱く権威への問い（20・2）に対する答えでもある。他方、この譬えでは子は殺されるのだから、イエスが自身の死を予告する機能をも併せ持っている。

三章二二節と二〇章一三節についての考察を総合すれば、神が宣言する「私の愛する子」はイエスの生と死を通して現実化されると読者に告げていると言える。ちなみに、イエスの変容の場面でマルコとマタイは「私の愛する子」を使うが、ルカでは「私の子、選ばれた者」とあり、イエスへの「神の愛」が「神の選び」と言い換えられている。これは旧約聖書で神がイスラエル（申14・2）やモーセ（民16・7）や王（申1・15）を選んだことに類似しているから、神との特別な関係、神意を行う役割がイエスに与えられていることを示すのであろう。いずれにせよ、『ルカ福音書』は「神の愛」によって神とイエスの関係、イエスの神経験と自己認識を表し、また神から愛されるイエスが死をもって神意を実現するという事実をも響かせていると言えよう。

2. イエスの愛

イエスが主体となる愛を直接的に語るのはルカ一二章四節だけであるが、この箇所はファリサイ派の人々への批判に続けて、イエスが弟子たちに「恐れるべき者は誰か」を教える場面（12・1―7）である。この教えの中でイエスは弟子たちをフィロスと呼び、イエスが弟子たちに持つ肯定的感情が表されている。また、「……体を殺して、それらの後にそれ以上何もすることを持たない者たちを恐れるな。……殺した後にゲヘナに投げ入れる権能を持つ者を恐れよ……」（12・4―5）とあり、人間（特にイエスと弟子たちに敵対する者たち）と神を対比しつつ描くだけでなく、将来に起こるイエスと弟子たちへの迫害の可能性を含む言葉になっている。つまり、愛でイエスと結ばれた者に、イエスの運命を共有する可能性が示唆されている。先に指摘したように神意を実現する者がイエスであったのに比し、イエスの友たちは、死を覚悟しつつ、イエスの行ったことを継続する者たちだと語られていると理解しうるのである。即ち、弟子たちはイエスを通して、神との愛の関係・愛の実践に招かれている者たちであり、これがイエスのフィロスであることの内容だと理解される。

27-30節	敵を愛せ、善を行え、与えよ	アガパオー	A
31節	黄金律		B
32-34節	愛すること、善を行うこと、与えること（疑問形）	アガパオー [4x]	A'
35節	敵を愛せ、善を行え、与えよ	アガパオー	C
36-38節	慈しみ深くあれ、赦せ、与えよ		C'

表⑦

3．弟子たちの愛

弟子たちが主体となる愛は六章二七、三二、三五節、一一章五、六、八節、一六章九、一三節で描かれる。これらに共通する特徴は、イエスが弟子たちに教える場面だということである。前の項目でイエスが弟子たちをフィロスと呼んだことによって、弟子たちはイエスを通して神との愛の関係、愛の実践に招かれていると指摘したが、ここでは具体的にどのように弟子たちが愛すべきかを教えていると言えそうである。

これら弟子たちの愛が描かれる箇所は、六章の平地の説教、一一章の主の祈り後の教え、一五章で徴税人たち・罪人たちを受け入れていると批判されたイエスが三つの譬えを語った後の教えという三つの場面に置かれている。それゆえ、六章二七、三二、三五節を一つの纏まり、同様に一一章五、六、八節と一六章九、一三節も各纏まりとして、弟子たちの愛を検討してみたい。

①六章二七、三二、三五節はイエスの平地の説教（6・17—49）に属

すが、より具体的には六章二七―三八節にある与えることと受けることに関する教えを文脈にしている。(6) 二七―三八節を分析すると表⑦のようになる。

前半の二七―三四節と後半の三五―三八節では「敵を愛する、善を行う、与える」を共通のテーマにする。前半部分ではこのテーマが三一節で言われる「人々があなたたちにして欲しいと思うように、そのようにあなたたちにせよ」、いわゆる黄金律を囲んでおり、これら三つの行為は黄金律を具体化した行為だと言える。他方、後半部分では三五節で先のテーマを繰り返し、三六―三八節でその内容を展開していると捉えられる。このように解すれば、愛することは三六節で父のように慈しみ深くあること、善を行うことは三七節で裁かずに赦すこと、与えることは三八節でより具体的に与えることとして展開されていると理解できる。

ここで二七―三四節全体を考えてみれば、黄金律という普遍的に受容されうる行動規範がイエスによって敵を愛すること、善を行うこと、与えることとして再提示され、特に、敵を愛することは「あなたたちの父」である神の慈しみ深さをまねて実行することと言い換えられていると読める。つまり、弟子たちの愛が神の慈しみ深さに根拠を持つことにおいて、神と弟子たちの間に「『あなたたちの』『父』」という親しさの垂直的関係が形成されると同時に、あらゆる他者に対しては兄弟姉妹的水平関係が開かれることになる。更に、父である神の「慈しみ深さ」故に、他者に対する弟子たちの感情は慈しみの愛として他者へと広がるこ

1-4 節	主の祈り（具体的祈り）		A
5-8 節	パンを求める友の譬え	フィロス [4x]	B
9-10 節	求めよ		C
11-13 節	求める息子の父の譬え		B’

表⑧

とを可能にし、敵対関係にある者をも含めた全ての人々への愛を実現していくことが可能となる。別言すれば、イエスが神を「あなたたちの父」「慈しみ深い」方として伝える神の本質と、弟子たちが愛を行うという実践規範が一致・不可分のものとしてイエスによって教えられているということになる。

②一一章五、六、八節ではフィロスが共通して使われるが、これらは一一章五―八節の真夜中にパンを借りに来る友の譬え話に見出される。この譬え話は一一章一―四節の「主の祈り」の後に置かれ、また、一一章九―一三節の「求めれば与えられる」教えと共に、「祈り求めること」に関する弟子たちに対するイエスの教えを構成している。また、一一―一三節を機能の面から見れば、イエスは一一章一―四節で具体的な祈りを教え、一一章五―一三節で祈ることを励ましている。以上から一一章一―一三節の構成は表⑧のように示すことができる。

この構造から考えると、「友」を使った譬え（5―8節）と「父＝子」を使った譬え（11―13節）は、九―一〇節の「求めよ」というイエスの教え・命令に、例を用いつつ理由を与えるという共通の機能を果たしている。しかし両者には違いもあり、友の譬えの場合では友という「関係性」ではなく「繰り返し求めること」が強調され、父＝子の譬えの場合は父＝子という「関係性」に強調点を置く。そして、父＝子の譬えの中に地上の父と天上の父の対比が含まれていることで、天の父が与えるものが何かを明らかにする方向へとこの譬えと一一―一三節全体は収束することになる。つまり、一一―四節の「主の祈り」で弟子たちは神を「父」と呼ぶように教えられているが、この「父」という言葉が一一―一三節でも使われていることにより、一一―一三節全体では父である神に繰り返し祈ること、神は父である故に求めれば与えられること、そしてその与えられるものとは聖霊である（13節）ことが明らかにされている。

この箇所での愛の語群フィロスの用法は、私たちの考察に対して重要性を持たないように見えるが、それはフィロスが「求めよ」に説明を与える具体例としてだけ用いられるからであろう。しかし、この譬えを含めたこの文脈全体を通して、神と人間の間にイエスによって築かれる父＝子的関係、賜物として与えられる聖霊が明らかにされている点が見逃されてはならない。

③一六章九、一三節はイエスが弟子たちに対して教える（16・9―13）文脈に見出されるが、九、一一、一三節でマモン（富）という言葉が使われているので、九―一三節はマモンをテー

9節	不義なマモンで友を作り、永遠の幕屋に入るように	フィロス
10-12節	不義なマモンにさえ忠実であるように	
13節	マモンではなく神を愛せ	アガペー

表⑨

マとしている。また、九―一三節ではマモンと関連を持ちつつ異なる要素が扱われており、表⑨のように分けることができる。

九節でイエスは不義のマモンでフィロスを作り、それによって永遠の幕屋、すなわち神の存在するところに入る（＝救われる）ようにと教えている。これは恐らくユダヤ教の宗教的実践の一つである施しの様子を背景にしていると考えられるので、ここで言われるフィロスは施しをする人が施し以前から持っていた友ではなく、施しを通して設けられた新たな関係を語っている。そして、施しをすることでフィロスが量的に増加することと、施しをする者の関心・感情が経済的必要を持つ人へと広がりを持つという質的変化が起こることを指摘している。

一〇―一二節の一つの解釈としては、「不義」を神と対立する「この世の」と理解すれば、この世の事柄からはじめ究極的に至るべき人の忠実さが取り上げられていると言える。

このように捉えてみると、九―一二節は富に関するこの世での行動について、イエスが二つの具体的勧めを与えていることになる。そして、一三節では二つの勧めの規準を提供し、イエスの言葉は神を愛することへ集約する。

つまり、イエスが弟子たちに求める愛はこの世ではなく神に対する愛であって、それはこの世の具体的行動・活動を通して培われると述べられている。

①〜③を強引に纏めるとすれば、イエスが弟子たちに教える愛とは、神を愛することと、神に愛されたことによって敵に至るまで他者を愛することであり（この両者は相関する）、更に、神への愛によって聖霊が与えられるところのものだと言われているのである。

4. 他の人々の愛

七章五、六、三四、四二、四五、四七節、一〇章二七節、一一章四二、四三節、一四章一〇、一二節、一五章六、九、二九節、二〇章四六節、二一章一六節、二三章四七、四八節、二三章一二節がこのケースに該当するが、その文脈・語り手・主体・客体のいずれも多様である。ここでは文脈を軸にして検討してみるが、同じ文脈に属するものを纏めると一〇のケースに分けられる。

①七章五、六節は百人隊長の僕の治癒（7・1—10）が報告されるが、この百人隊長とユダヤの民の関係、百人隊長とイエスの元に送った人々の関係を表すためにアガパオーとフィ

ロスが用いられる。七節から考えるとこの百人隊長は非ユダヤ人であるが、その彼がユダヤ人と愛の関係を持つことは興味深い。また、マタイ八章五―一三節が並行記事を報告するが、そこには愛に関する用語はない。それゆえ、ルカでは人間的愛の交わりが非ユダヤ人にも開かれていることが示されていると読みうるかも知れない。

②七章三四節は群衆に対するイエスの教え（7・31―35）に含まれ、そこでは洗礼者ヨハネとイエスを揶揄する人々が批判されている。七章三四節はイエスと対立する人々のイエス理解をイエスが批判する言葉である。注目すべきは、イエスは「徴税人たちと罪人たちの友」だと言われても否定しない点であり、イエスの愛は徴税人たち・罪人たちにも向けられていると言える。

③七章四二、四五、四七節は罪人である女の塗油をきっかけとした出来事（7・36―50）に属している。この場面に登場するのはイエス以外にシモンというファリサイ派の人と女であり、また、イエスの譬えの中では借金を帳消しにされた二人の人が登場する。表⑩に纏めたように、アガパオーの使われ方からすれば（47節）、女は多くの借金を帳消しにされた人、ファリサイ派の人はより少ない借金を帳消しにされていた人である。それ故、女が示した愛

多く帳消しになった人→より多く愛する（42-43節）	少なく帳消しになった人（→少なく愛する）
赦されている（ことは自明）←女が多く愛したことから（47節）	少ししか赦されない者→少ししか愛さない（47節）

表⑩

は罪が赦されたことの認識に基づくと主張されていると考えられるが、イエスの存在が女に赦しの認識をもたらのであろう。実際、イエスへの女のフィレーマは赦しに対する愛の象徴行為と理解される。

④一〇章二七節は律法学者の問いをきっかけに最大の掟が語られる文脈（10・25—29）にある。この中で律法学者が申命記六章五節とレビ記一九章一八節を引用しつつ（後者ではアガパオーが省略されている）、神と隣人を愛することを挙げている。律法の内容は神の愛とイエスの愛と弟子の愛に関するイエスの教えと同じであるから、イエスの教えは律法に反せず、寧ろ両者が一致することが確認できる。

⑤一一章四二、四三節は一一章三七—四八節にあるイエスのファリサイ派の人々への批判を文脈としている。その中で四二節は彼らが神への愛（アガペー）を蔑ろにし、四三節は会堂で上席に座ることと市場で挨拶を受けることを愛する（アガパオー）とイエスは批判する。イエスと敵対関係にある者の根本には神への愛の欠如と、この世的なものへの愛があると考えられている。

⑥一四章一〇、一二節は一四章七―一四節の宴に関連したイエスの教えに含まれている。一四章七―一一節は二つに分けられ、一一節までがイエスの他に宴に招待された人々に対するイエスの言葉であり、一二節からはイエスを宴に招待した人への言葉である。前者では宴で自ら末席に座る者がフィロスと呼ばれて上席に招かれると言われる。しかし、一一節で「自らを高くするものは低くされ、自らを低くするものは高くされるだろうからだ」と一般原則が述べられるから、七―一一節の内容は宴での行動原則だと限定する理由はない。加えて、「低くされる」「高くされる」は動詞の未来形・受動態が使われているが、神的受動態[7]と呼ばれる用法が使われているだろうから、この「低くされる」「高くされる」は未来で逆転を起こす神の行為を表現すると考えられる。更に、「宴」は神の国を表しうるので、神の終末的裁きの基準が、ある人が自らを高めて生きるのか・低めて生きているのかに掛かっていると教えている。

このような終末的記述は後半の一二―一四節にも見出せる。一四節で示される基準は「彼らは返礼を持たないので、あなたは幸いだろう。あなたは義人たちの起き上がりの時にあなたに報いられるだろうからだ」で、貧しい人々、体の不自由な人々、足の悪い人々、目の見えない人々を宴に招いたお返しは神が与えると言われている（「報いられるだろう」は神的受動態・未来形）。これら招くべき人々と対比されるのは一四章一二節のフィロスだが、「自分の」と限定されている。即ち、愛の対象を自分との関係（地縁・血縁など）で限定することから離れ、普遍的に愛を実践するようイエスは招いていると考えられる。

⑦一五章六、九、二九節はイエスの三つの譬え話（3―7節、8―10節、11―32節）に見られ、各箇所でフィロスが登場する。これら三つの譬えは、イエスが全ての徴税人たちと罪人たちを受け入れ、食事をしていると批判するファリサイ派の人々と律法学者たちへの応答である（1―2節）。そして、第一の譬えでは羊を失ったが見つけた人が友たちを、第二の譬えでは1ドラクマを失ったが見つけた人が女の友たちを、一緒に喜ぶようにと招く。第三の譬えでは放蕩な弟の兄が父を批判するために、「私の友たち」を使っている。しかし、いずれの場合とも登場するフィロスは各譬えの中で重要な役割を占めないので、本稿の考察には重要性を持たないと考えるべきであろう。

⑧二〇章四六節はイエスが神殿境内で祭司長たち、律法学者たち、長老たちと論争をした（20・1―44）後に、弟子たちに律法学者たちについて批判を語る（20・45―47）文脈に見出される。具体的には、律法学者たちが会堂で上席に座ることと市場で挨拶を受けることを愛する（フィレオー）という批判である。この批判は上述⑤にあるファリサイ派の人々に批判

する内容と同一だが、一一章四三節ではアガパオーが使われる。既に指摘したように、用いられる二つの動詞の差異を過度に強調しないならば、両批判に差はなく、共通してイエスに敵対する人々の神に対する愛の欠如を指摘し、弟子たちに神への愛を教えていることになる。

⑨二一章一六節はイエスが人々に迫害の預言と援助の約束を語る場面（21・12―19）に位置する。そこでは「あなたたちは両親、兄弟たち、親戚たちと友たちから引き渡され、あなたたちのある者たちを死に追いやるだろう」とあるが、その原因は一二節で「イエスの名の故に」と言われる。「イエスの名の故に」を「イエスに従うこと」、「イエスに従うこと」を「神への愛と人々への愛を生きること」と捉えるならば、イエスの教えた愛は両親、兄弟たちなど、つまり地縁や血縁を理由とする愛とは対立しうるものとして理解される。

⑩二二章四七、四八節、二三章一二節はイエスの逮捕と裁判の場面に属する。二二章四七、四八節でイエスを裏切るユダはキス（フィレオー、フィレーマ）を裏切りの合図にし、二三章一二節でイエスを死刑へと追いやる裁判を行うピラトとヘロデが、イエスに対峙することを通してフィロスになっている。イエスの受難の場面では、フィロス、フィレオー、フィレーマがイエスの敵対者に対して（恐らく皮肉的に）使われ、愛に関する用語で実現さ

れるべき内容に真っ向から対立している様子が描かれている。

①～⑩を強引に纏めるとすれば、この用法での愛の語群によって、第一に異邦人・徴税人・罪人たちも神的愛の対象であるという愛の普遍性がイエスを通して明らかにされること（①②③⑥⑨）、第二にイエスの愛の教えは律法に一致すること（④）、第三にイエスの敵対者は神ではないものを愛し、愛に対立する者であること（⑤⑧⑩）が主張されていると言えよう。

4．まとめとして

これまで検討してきたことに基づくと、ルカにおける愛は次頁のように図示できるが、この図が示すところは次の通りである。愛の根源は神の愛である。この愛をまずイエスが受け（＝経験し）、イエスによって全ての人に神の愛が知らされる。その際、罪人や徴税人や異邦人といった、当時のユダヤ的常識に基づけば神の愛から排除されていた人々も排除されない。イエスは排除のない愛を実践する。そして、この神の愛が人間の行動の規準となるが、神への愛と人間相互の愛がイエスによって教えられる。この相互愛にも排除されるべきものは存

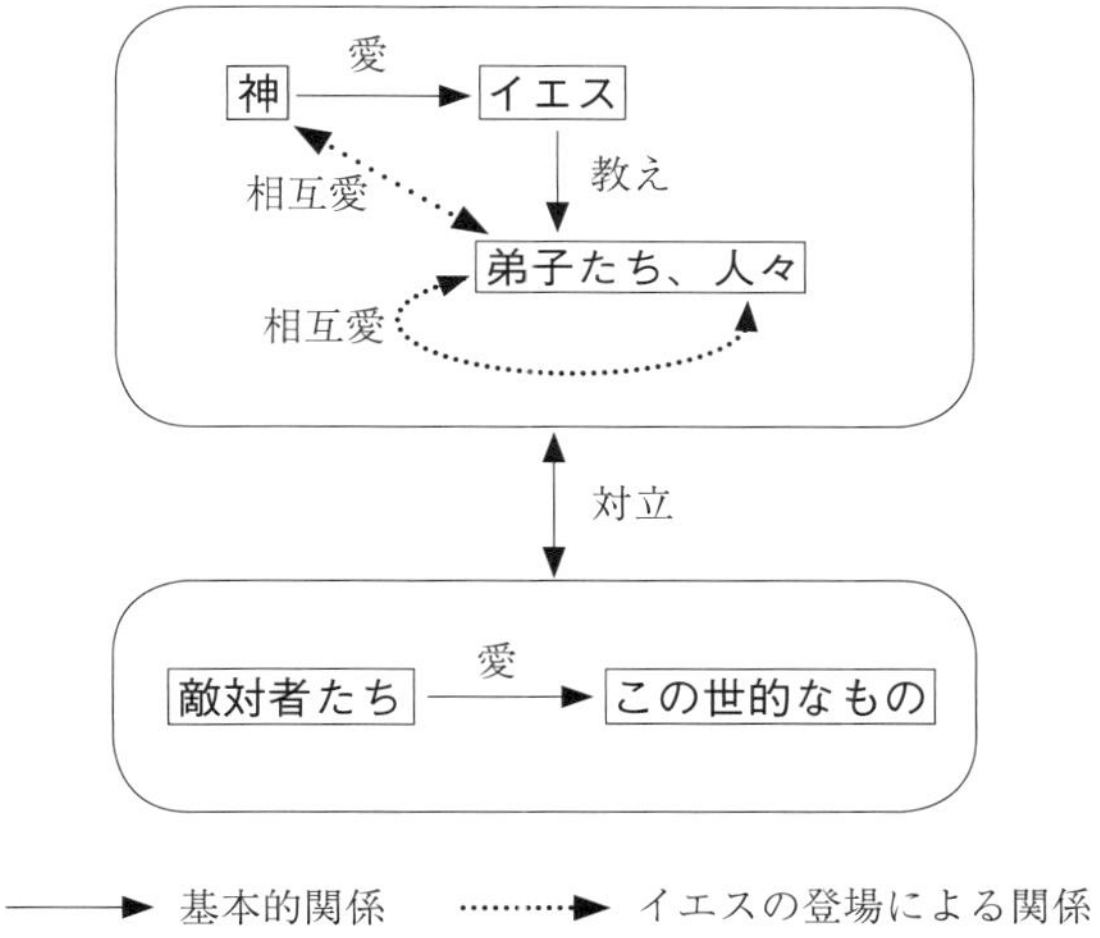

在しない。しかし、この愛の構造に反対する人々が登場しイエスと対立する（『ルカ福音書』を通して罪人や徴税人が神の愛・赦しを受けることに反対する彼らの姿が見出される）。彼らの立場は神に反対するものであり、それは彼らの日常的実践の中で、神ではなく挨拶を受けること、上席に着くことを愛することとして現れる。

この纏めはルカにおける愛に関する語群の研究から導出されたものであるから、『ルカ福音書』と『使徒行伝』を通してルカが表そうとする「愛」に適うか否か、イエスや弟子たちの言動から精査すべきだが、紙面の都合上、別の機会に譲らざるを得ない。しかし、少なくとも愛の用語を辿ることで確実に言えることは、ルカには「神の愛がイエスを通して人間へ」という愛の動的構造が見られるということである。

このルカ的な愛の構造からすれば、キリスト者はイエスの愛の感覚（神に愛され、神と人々を愛する）を共有する者たちだと言えるかもしれない。では、この感覚を得るにはどうすれば良いのだろうか。恐らくそれはイエスのように神が人間を愛しているという事実を個々人が見出すか否かに掛かっている。イエス自身が「愛する子」と呼ばれた（ルカ３・22）ことからすれば、私たちが神から「愛する子」と呼ばれる経験を見出すか否かである。この経験の深みと共に、私たちより先に「愛している」と働きかけられる神によって、私たちは神を愛し、人を普遍的に愛することが可能となる。それは自己をも他者をも罪人と定めず、排除しない生き方であり、そこには救いが現実化している（４・18―19）。

この愛の感覚を共有すること（ルカ24・46―49）は『使徒行伝』に端を発する宣教の一つの目的でもある。使徒たちが救いを宣べ伝えた（cf. 使１・38―40、３・26、９・20、13・33―39）のも、イエスの死の間際の言葉「父よ、彼らをお赦しください。というのは、彼らは何をしているのか知らないからです」（ルカ23・34）の如くステファノが「主よ、この罪を彼らに負わせないでください」（使７・60）と言いながら死んだのも(8)、イエスと呼ばれる（ルカ１・31）神の子によって（１・35）喜び（２・10）と救い（２・30）が異邦人まで訪れる（２・32）ためである。愛の普遍的広がりは神によって始められ、イエスを通して私たち人間に伝えられた。それをどのように生き、広げていくのかが、この世でのキリスト者の生そのものと直結している。複雑で困難な現代世界で、このルカ的愛の構造をどのように、あるいは本当に生きるのかは、ルカの読者である私たちの決断にかかっている。

註

（1）紀元前一世紀までに成立したギリシア語旧約聖書のことで、①ヘブライ語旧約聖書のギリシア語翻訳、②①に含まれないヘブライ語またはアラマイ語原典の書物のギリシア語翻訳、③ギリシア語で成立した文書が含まれる。②と③は『新共同訳聖書』では「旧約聖書続編」とされている。ヘブライ語旧約聖書と七十人訳旧約聖書のテキストとしての価値評価、②と③についての諸教会・諸教派間の取り扱いの相違について、ここでは論述しない。

（2）『テモテへの第二の手紙』と『テトスへの手紙』は、フィロスを伴った合成語を使いつつ、つまり何を愛すべきかに言及しつつ、キリスト者の行動規範を示そうとしていると考えられる。

（3）マルコ、マタイ、ルカ福音書は報告内容や福音の展開に共通性が多く見られることから

「共観福音書」と呼ばれる。「共観」とは雖も、同じ出来事を報告するときにも類似点と共に相違点があり、これらを比較することで各福音書の特徴を見出し、論じうる場合がある。

（4） W. BAUER, *A Greek-English Lexicon of the New Testament and Other Early Christian Literature*（Edited and Revised by F. W. DANKER）（Chicago-London : The University of Chicago Press ³2002).

（5） 例えば、「ある日の食事の席で……イエスが弟子たちに教えて言われた、『あなたたちは互いに愛し合え』……」という箇所があれば、このイエスの言葉は、①食事の席でイエスが弟子たちに教えるという文脈、②イエスが語り手、③あなたたち＝弟子たちが愛の主体、④あなたたち＝弟子たちが愛の客体、となる。

（6） J. B. GREEN, *The Gospel of Luke*（NICNT）(Grand Rapids – Cambridge: Eerdmans 1997), 269-275.

（7） 神を直接に言及することを避けるため、動詞を受動態にすることで行為者である神を述べない文法的手法。つまり、ある受動態の動詞が神的受動態だと判断されれば、その行為主体は神である。

（8） 最初の殉教者ステファノの死に行く姿はイエスに従おうとする者たちに、イエスの如く、死の瞬間も他者（しかも敵対者）に開かれているという一つのモデルを示す。

奉献生活における愛の形
――貧しさ、単純さ、喜び――

竹内　修一

はじめに

惜しみない心で、自らの生涯を掛けて生きる――それが、奉献生活の原点であり目的でもあるだろう。そのような生き方は、確かに、魅力的で静かな喜びを人々に与える。それにしても、驚くべきことは、弱く不確かな人間に、そのような生き方ができるということ。奉献生活は、やはり、一つの恵みなのだろう。しかし、この恵みが真に生きたものとなるためには、それに対する真摯な応答も求められる。このような奉献生活を可能にするものは、いったい何だろうか。最も深い意味で、それは愛である。しかし、愛は、常に具体的な形を取って現れる。ここでは特に、次の三つに注目したい――貧しさ、単純さ、そして喜びである。

以下においては、それぞれを具体的に体現して生きた聖人に思いを馳せたい。すなわち、アシジの聖フランシスコ、聖ヨハネ・マリア・ビアンネ、そして聖フィリッポ・ネリである。

1. 貧しさにおける豊かさ

神の道

自分が
この着物さえも脱いで
乞食のようになって
神の道にしたがわなくてもよいのか
かんがえの末は必ずここへくる

（八木　重吉）

主の貧しさに生きる

「あなたがたは、わたしたちの主イエス・キリストの恵みを知っています。すなわち、主は豊かであったのに、あなたがたのために貧しくなられた。それは、主の貧しさによって、あなたがたが豊かになるためだったのです」（二コリ8・9）。

主の貧しさによって、真に豊かな人となる――そのような人物の一人として、アシジの聖フランシスコ（一一八二―一二二六）がいる。彼は、文字通り、すべてにおいて貧しさを生き抜いた。この貧しさは、自らには何も留保せず、ひたすら神に自らを委ねることによって生まれる。外連味のない、いのちの形である。

祈りは、ここから始まる。神の思いを自分の思いとすること、それが祈りにほかならない。パウロは、私たちに勧める。「あなたがたはこの世に倣ってはなりません。むしろ、心を新たにして自分を変えていただき、何が神の御心であるか、何が善いことで、神に喜ばれ、また完全なことであるかをわきまえるようになりなさい」（ロマ12・2）。それは、同時にまた、私たちが神の子となることでもある。そのために、私たちに求められるもの――それが、単純、謙遜、清浄である。フランシスコは、次のように述べる。

澄んだ心、澄んだ精神をもって神を愛し、神を礼拝しましょう。……肉の知恵や肉の賢明さをもっている人となってはなりません。むしろ、単純、謙遜、清浄でなければなりません。決して、他の人々の上に立とうとあくせくしてはなりません。むしろ、神のためにしもべとなり、被造物であるすべての人間に従う者でなければなりません。このように行い、終わりまで耐え忍ぶすべての男女の上に主の霊がとどまり、その中に住まいを見つけ、そこに住まわれるでしょう。こうして、その人々は天の御父の子となるでしょう。彼らは御父が望んでおられる業を行っているのです。そして、彼らは、わたしたちの主イエス・キリストの配偶者であり、兄弟であり、母でもあるのです。（アシジの聖フランシスコ「すべてのキリスト者への手紙」）

フランシスコの生き方は、次の詩編において立ち現れる。

神よ、あなたの道を示し、その小道を教えてください。
真理のうちに　わたしを教え導いてください。
あなたは　わたしの救い、
いつの日も、わたしは　あなたを待ち望む。

神は　あわれみ深く正義に満ち、
罪びとに道を示される。

神は貧しい人を正義に導き、
謙虚な人に　その道を授けられる。
神を　おそれる者とは　だれか。
神は　その人に行くべき道を示される。
その心は恵みで満たされ、
子孫は地を譲り受ける。

神をおそれる人に神は心を開き、
契約を示し、さとされる。
わたしの目は絶えず神を仰ぐ。
神は　わたしを　わなから救ってくださる。
神よ、わたしは　ただひとり苦悩の中、
わたしを顧み、ささえてください。
（詩25・4―5、8―9、12―16、『詩編』典礼委員会詩編小委員会訳、あかし書房）

貧しい者

貧しさは、神との一致において不可欠なもの。それゆえ、聖書は、旧約から新約にいたるまで、広くまた深く貧しさについて語る。聖書における貧しさは、ただ単に経済的・社会的意味に尽きるものではなく、さらには精神的・霊的意味をも含んでいる。

しかしながら、イスラエルは、当初、貧しさを否定的なものとして捉えていた。すなわち、貧しさは、神に対する不忠実の結果であり、忌避すべきものであった。あるいは、怠惰と放蕩の結果であり、さらには、罪の機会にもなり得る、と考えられた。

詩編において、貧しい者は、ひたすら神に自らを委ねる人として描かれる。すなわち、貧しい者とは、ヤーウェに身を寄せ、畏れ敬い、探し求める人にほかならない。真に貧しい人の神髄は、柔和・謙遜にある。

神よ、悩む人の願いを聴き、
心にかけて　ささえてください。
親のない子どもと　しいたげられている人を守ってください、
諸国の人に　おびやかされることのないように。

（詩10・17―18、『詩編』典礼委員会詩編小委員会訳）

預言者においても、同様のことが語られる。

主は高い所に住まう者を引きおろし
築き上げられた都を打ち倒し
地に打ち倒して、塵に伏させる。貧しい者の足がそれを踏みにじり
弱い者の足が踏みつけて行く。

（イザ26・5―6）

貧しさの意義は、新約聖書においても引き継がれる。「貧しい人々は、幸いである、神の国はあなたがたのものである」（ルカ6・20）――宣教の初めに、イエスはこう語った。このイエスこそが、貧しい者のメシアであり、よい知らせを伝える者であった。何よりもまず、彼自身が、貧しい者の一人となってこの世に遣わされた。その彼が、自分のことをこう語る――「わたしは柔和で謙遜な者だから、わたしの軛を負い、わたしに学びなさい。そうすれば、あなたがたは安らぎを得られる」（マタ11・29）。

マタイは、また、同様のことを次のように語る。「心の貧しい人々は、幸いである、天の国はその人たちのものである」(5・3)。本文をそのまま訳せば、「霊(精神)において貧しい人は、幸いである……」となるだろうか。さらに、次のようにも語られる。「幸いだ、乞食の心を持つ者たち、天の王国は、その彼らのものであるから」(岩波訳)。

このような貧しい者は、旧約聖書においては、〝アナーウィーム〟と呼ばれた。その意味は、自らの弱さ・惨めさを知り、それゆえ、ひたすら神に寄り頼む者である。

小さな群れよ、恐れるな。あなたがたの父は喜んで神の国をくださる。自分の持ち物を売り払って施しなさい。擦り切れることのない財布を作り、尽きることのない富を天に積みなさい。そこは、盗人も近寄らず、虫も食い荒らさない。あなたがたの富のあるところに、あなたがたの心もあるのだ。(ルカ12・32—34)

貧しさに仕える愛

より完全にイエスに従おうとする者は、実際にも貧しくなることが求められる。パウロは、事実、そのように生活し(フィリ4・11—12)、そのことは、初代教会においても実践されていた。「信じた人々の群れは心も思いも一つにし、一人として持ち物を自分のものだと言う者はなく、すべてを共有していた」（使4・32）。

貧しい者への奉仕は、愛の行為そのものとなる。「世の富を持ちながら、兄弟が必要な物に事欠くのを見て同情しない者があれば、どうして神の愛がそのような者の内にとどまるでしょう。子たちよ、言葉や口先だけではなく、行いをもって誠実に愛し合おう」（一ヨハ3・17―18）。このことについて、教皇レオ一世は、次のように語る。

神を愛する人にとっては、自分の愛する神によみされるだけで十分です。愛そのものより大きな報いをほかに求めてはならないからです。事実、愛は神からのものですが、神そのものが愛なのです。敬虔で清い魂は、神に満たされることをことのほか喜び、神以外の何ものも楽しもうとはしないのです。「あなたの富のあるところに、あなたの心もあるのだ」という主の言葉は、きわめて真実だからです。人間の富みとは、自分の実の集積であり、その働きの実りの集積です。「人は、自分の蒔いたものを、また刈り取ることになるのです。」各自の行いの質は、利得の質をも決めます。心は、楽しみにしているものによって引かれます。（レオ一世『説教』92）

また、彼は、貧しさと心の謙遜が深く関係し合っていることを指摘する。

疑いもなく、心の謙遜という徳は、富む者よりも貧しい者のほうが容易に身につけるものです。乏しい生活に明け暮れる貧しい者は柔和になじみやすく、裕福な生活を送る富む者は高慢になじみやすいのです。しかし、富む者の中にも、心を高ぶらせるためではなく、慈愛の業のために財産を使い、他人の労苦と惨めさを和らげるための支出を自分にとっての最大の利得と考える人もたくさんいます。（レオ一世『説教』95）

真の豊かさは、主キリスト・イエスを知ること、それ以外にはない、とパウロは強調する。

しかし、わたしにとって有利であったこれらのことを、キリストのゆえに損失と見なすようになったのです。そればかりか、わたしの主キリスト・イエスを知ることのあまりのすばらしさに、今では他の一切を損失とみています。キリストのゆえに、わたしはすべてを失いましたが、それらを塵あくたと見なしています。キリストを得、キリストの内にいる者と認められるためです。わたしには、律法から生じる自分の義ではなく、キリストへの信仰による義、信仰に基づいて神から与えられる義があります。わたしは、キリストとその復活の力とを知り、その苦しみにあずかって、その死の姿にあやかりながら、何とかして死者の中からの復活に達したいのです。（フィリ3・7―11）

2. 聖なる単純さ

きりすとを　おもいたい
いっぽんの木のようにおもいたい
ながれのようにおもいたい
（八木　重吉）

祈りと愛

「はっきり言っておく。心を入れ替えて子供のようにならなければ、決して天の国に入ることはできない」（マタ18・3）――聖ヨハネ・マリア・ビアンネ（一七八六―一八五九）は、真にこの言葉を生きた人物の一人であろう。彼は、司祭になるにあたって、多くの困難、とりわけ勉学における困難を体験した。彼が司祭となることは、人間の目には、ほとんど不可能なことと思われた。しかし、まさにそのような点に、神の恵みは注がれる。彼は、神に嘉せられた。それを可能にしたのは、彼の謙虚さ、誠実さ、そして単純さである。

人間は美しい務めをもっています。それは祈ることと愛することです。あなたがたが祈り、愛しているならば、この世での人間の幸福を見いだしたことになります。……。

皆さん、あなたがたの心は小さい。けれども、祈りはその心を大きく広げ、神を愛することができるようにしてくれます。祈りは、この世ながらの天国の味わいであり、天国のほとばしりです。決してわたしたちの心を味気ないものにしてはおきません。祈りは人の魂のうちに流れ込んで、すべてを和らげる蜂蜜です。よく祈れば、苦しみは陽光に消える雪のように、あとかたもなく消え去ります。（ヨハネ・マリア・ビアンネ『教話』）

神の選びは、人の思いを遥かに超えている。

兄弟たち、あなたがたが召されたときのことを、思い起こしてみなさい。人間的に見て知恵のある者が多かったわけではなく、能力のある者や、家柄のよい者が多かったわけでもありません。ところが、神は知恵ある者に恥をかかせるため、世の無学な者を選び、力ある者に恥をかかせるため、世の無力な者を選ばれました。また、神は地位のある者を無力な者とするため、世の無に等しい者、身分の卑しい者や見下げられている者を選ばれたのです。それは、だれ一人、神の前で誇ることがないようにするためです。（一コリ１・26―29）

神の誠実さと人間の単純さ

ビアンネの生き方は、次の詩編において立ち現れる。

神よ、わたしたちの主よ、
あなたの名は　あまねく世界に輝き、
その栄光は天にそびえる。
幼な子と乳飲み子は賛美を歌う。
はむかう者、逆らう者を　しずめるため、
あなたは敵に備えて　とりでを築かれた。

あなたの手で造られた大空を仰ぎ、
月と星を　ながめて思う。
人とは何者か、なぜ、人に心を留められるのか。
なぜ、人の子を顧みられるのか。

あなたは人を神に近いものとし、
栄えと誉れの冠を授け、
造られたものを治めさせ、
すべてを　その足もとに置かれた。
羊も牛も　ことごとく、
野のけもの、空の鳥、潮路を泳ぐさかなの群れも。

神よ、わたしたちの主よ、
あなたの名は　あまねく世界に輝く。
（詩八・二－一〇、『詩編』典礼委員会詩編小委員会訳）

ビアンネの単純さは、神の誠実さに応えたものである。神の誠実さとは何か。それは、「神は、その独り子をお与えになったほどに、世を愛された」（ヨハ３・16）と言われるほどの、神の愛に見ることができる。そのことについて、アウグスティヌスは次のように語る。

しかしながら、兄弟の皆さん、神が約束されたこと、すなわち、この死すべきもの、腐敗し、みじめで、弱い、塵と灰である人間が、神の天使たちに等しいものになることは人間にとって信じがたいことと思われたので、人々が信じるために神は契約書を人間と交わされただけでなく、ご自分の誠実さを保証する仲介者までも立てられました。それは、ある支配の霊でも天使や大天使でもなく、御ひとり子です。神が約束してくださった目標に、わたしたちをどのような道で導くかということについて、その御子ご自身によって示し、与えるためだったのです。（アウグスティヌス『詩編講解』110）

イエス・キリスト——それは、神の誠実さが形を取ったもの。そのイエスは、「多くの苦しみを受け」（マコ８・31）、「へりくだって、死に至るまで、それも十字架の死に至るまで従順」（フィリ２・８）であった。

誠実さと愛

心において、単純さと誠実さは、分かち難く関係し合う。アウグスティヌスによれば、神の誠実さは、人間が身に受ける困難・逆境において、とりわけ明らかなものとなる。

「神は真実な方です。あなたがたを耐えられないような試練に遭わせることはなさいません。」試練を予告し、将来の苦しみについて前もって語っておくことは、弱い人を強めることになります。そして、こう言われたことによって非常に恐れを感じ、キリスト者になることを躊躇する人に対しては、「試練が訪れないわけではないが、神は耐えられないような試練に遭わせることはなさらない」と言って、神のあわれみを約束するなら、あなたは傷ついた者を包むのです。（アウグスティヌス『説教』46）

「誠」（エメト）と「慈しみ」（ヘセド）――これらは、神の本質である。それゆえ、私たちは、もし神がこのような方であるならば、同様の「誠」と「慈しみ」をもって神に自らを委ね、それに基づいて他の人々と交わらなければならないだろう。

神は、どのような方なのか。聖書によれば、神は、イスラエルの「岩」（申32・4）であり、その言葉は決して空しく消え去るものではない。「わたしの口から出るわたしの言葉も／むなしくは、わたしのもとに戻らない。それはわたしの望むことを成し遂げ／わたしが与えた使命を必ず果たす」（イザ55・11）。それゆえ、人間は、もし神を知りたいと思うならば、同様の誠実さを持たなければならない（ホセ4・1参照）。私たちは、その誠実さを神に祈り求める（王上8・56―58参照）。そうすれば、やがて、「誠実」であり「真実」である方（黙19・11）が、この世に遣わされ、彼によって、神の言葉は、ことごとく実現する（二コリ1・20参照）ことが確認されるだろう。

愛と誠実さとは、ある意味で、交換可能なものである。それゆえ、イエスは、次のように語る。「父がわたしを愛されたように、わたしもあなたがたを愛してきた。わたしの愛にとどまりなさい。わたしが父の掟を守り、その愛にとどまっているように、あなたがたも、わたしの掟を守るなら、わたしの愛にとどまっていることになる」（ヨハ15・9―10）。

神に対して自らの誠実を尽くす人、そのような人だけが、真の喜びに招かれる。そのことの確認が、聖書に散見される（マタ25・21、23、ヨハ15・11）。

3. いのちの喜び

咲く心
うれしきは
こころ咲きいずる日なり
秋　山にむかいて　うれいあれば
わがこころ　花と咲くなり
（八木　重吉）

「目に光を与えるものは心をも喜ばせ／良い知らせは骨を潤す」（箴15・30）――喜びの意義とその素晴らしさ、それを最も確かなものとして体現した人物の一人は、聖フィリッポ・ネリ（一五一五―一五九五）であろう。ユーモアのセンスは、物事をバランスよく見るために欠かせない。ネリは、それを端的に生き抜いた。そこに彼の霊性が輝き出る。

神に従う人よ、神のうちにあって喜び歌え。
神をたたえることは心の正しい人のわざ。

たて琴をかなでて神をたたえ、
琴の調べで神をほめよ。
新しい歌を神に歌い、
琴の音に合わせて喜びの声をあげよ。

神のことばは正しく、
そのわざには　いつわりがない。
神は正義と公平を愛し、
いつくしみは地に満ちている。
（詩33・1—5、『詩編』典礼委員会詩編小委員会訳）

主において喜ぶ

喜び——それは、〝福音〟の原点であり、また目的でもある。事実、それは、私たちが生きるにあたっての、確かな支えでありまた慰めでもある。それゆえ、私たちは、喜びの確認があるかぎり、きっと生きていけるだろう。

では、私たちは、いったい何において喜んだらいいのだろう。「主において常に喜びなさい。重ねて言います。喜びなさい」（フィリ4・4）。世においてではなく、主において喜ぶ。私たちは、この世にあって、この世に属していない。そのような私たちが、主において喜ぶとは、いったい、どのような状態《ありかた》をいうのであろうか――そのことについて、アウグスティヌスは、次のように語る。

兄弟の皆さん、世においてではなく、「主において喜びなさい。」言い換えれば、不義ではなく真理を喜びとしなさい。空しい栄光ではなく、永遠のいのちの希望を喜びとしなさい。そのように喜びなさい。この世に生きている間も、いつもそうしなさい。「主はすぐ近くにおられます。どんなことでも、思い煩うのはやめなさい。」（アウグスティヌス『説教』171）

「主は真理である」とアウグスティヌスは語る。それは、ヨハネが語るとおりである。「わたしは道であり、真理であり、命である」（ヨハ14・6）。このように語るイエスは、私たちが、真理そのものである父へと至るための道であり、それを明らかに示す真理であり、それを生きようとする私たちのいのちそのものである。

「思い煩うな」と語られる。それは、イエス自身も語ったところである。その意味は、ただひたすら主を信頼せよ、ということにほかならない（マタ6・25―34参照）。事実、私たちは、たとえ思い煩ったとしても、ほんのわずかでも寿命を延ばすことのできない存在である。

正しさと喜び

人間としての「正しさ」と「喜び」は、一つとなる。この正しさは、換言すれば、誠実、清廉、二心のなさである。この正しさによって、主は、私たちの近くにおられる。そのために、私たちに求められるもの、それが愛にほかならない。なぜなら、「神は愛」だからである。それゆえ、ヨハネは、次のように語る。「愛にとどまる人は、神の内にとどまり、神もその人の内にとどまってくださいます」（一ヨハ4・16）。それについて、アウグスティヌスは、次のように語る。

「正しい人は主を喜びとし、主に希望をおく。心のまっすぐな人々は皆、誇ります。」……。「正しい人は」、この世ではなく、「主を喜びとします。」聖書は他の箇所でこう言っています。「正しい人のために光が生じ、心のまっすぐな人のために喜びが生じます。」（アウグスティヌス『説教』21）

「正しさ」と「喜び」は、通底する。愛の一つの特徴は、あらゆる意味における「近さ」である。すなわち、愛によって結ばれるとき、それは、「近さ」の現存を意味する。逆に遠ければ、愛の関係は薄い。愛は、観念ではない。意志であり、行為であり、喜びである。

それでは、わたしたちから遠く離れておられる主を、どうして喜びとすることができるのでしょうか。主が遠い所におられないようにしなさい。主が遠くにおられるなら、それはあなたがそうさせているからです。愛しなさい、そうすれば主は近づいてくださいます。愛しなさい、そうすれば主はあなたのうちに住まわれます。「主はすぐ近くにおられます。どんなことでも、思い煩うのはやめなさい。」もしあなたが愛するなら、主がどれほど近くにあなたとともにおられるかを知りたいのですか。「神は愛です。」（アウグスティヌス『説教』21）

一人の喜びは、他の人の喜びと無関係ではない。なぜなら、真の喜びは、喜びの交感の中にこそ芽生え育つからである。この喜びの交感は、愛の具体的な形において現れる。すなわち、隣人を自分のように愛すること（マタ22・39参照）、また互いに愛し合うこと（ヨハ13・34参照）において生まれるのである。このことについて、パウロは、次のように語る。「喜ぶ人と共に喜び、泣く人と共に泣きなさい」（ロマ12・15）。いずれにしても、この喜びの交感によって、私たちは、永遠のいのちへと招かれる。トマス・アクィナスは、そのことについて、次のように語る。

永遠のいのちは、すべての至福なる者の喜ばしい交わりによって成り立つ。この交わりは、だれもがすべてのよいものを、すべての至福なる者と共同で所有することのゆえに、最高に楽しいものとなるであろう。それは、だれもが他者を自らのように愛し、したがって他者の幸いを自分の幸いのように喜ぶからである。こうして、一人の楽しみと喜びは、すべての人の喜びを合せたものと同じほどの大きなものとなるであろう。（トマス・アクィナス『使徒信経講解』6）

愛にとどまる

喜びは、愛から生まれる。愛は、聖霊の働きにほかならず、すべてのものを、その多様性において一つにする。御父と御子イエスが一つであるのも、この愛に基づく（ヨハネ17章）。御父の愛は、余すところなくイエスに注がれ、その愛をもってイエスは、惜しみなく弟子たちを愛し、その愛の中に私たちを招く。

あなたがたがわたしにつながっており、わたしの言葉があなたがたの内にいつもあるならば、望むものを何でも願いなさい。そうすればかなえられる。あなたがたが豊かに実を結び、わたしの弟子となるなら、それによって、わたしの父は栄光をお受けになる。父がわたしを愛されたように、わたしもあなたがたを愛してきた。わたしの愛にとどまりなさい。わたしが父の掟を守り、その愛にとどまっているように、あなたがたも、わたしの掟を守るなら、わたしの愛にとどまっていることになる。（ヨハ15・7―10）

イエスは、惜しみなく、自らのいのちを私たちのために与えられた。それは、御父の愛の形である。「神は、その独り子をお与えになったほどに、世を愛された。独り子を信じる者が一人も滅びないで、永遠の命を得るためである」（ヨハ3・16）。

「わたしにつながっていなさい」とイエスは語る。このときの「つながる」という言葉（メノー）は、「わたしの愛にとどまりなさい」と語られるときの「とどまる」と同じ言葉である。

ぶどうの枝が、その木につながっていなければ実りをもたらさないように、私たちは、イエスにつながっていなければ、実りをもたらすことはおろか、生きることさえできないだろう。

互いに愛し合う

これらのことを話したのは、わたしの喜びがあなたがたの内にあり、あなたがたの喜びが満たされるためである。わたしがあなたがたを愛したように、互いに愛し合いなさい。これがわたしの掟である。友のために自分の命を捨てること、これ以上に大きな愛はない。……。あなたがたがわたしを選んだのではない。わたしがあなたがたを選んだ。あなたがたが出かけて行って実を結び、その実が残るようにと、また、わたしの名によって父に願うものは何でも与えられるようにと、わたしがあなたがたを任命したのである。互いに愛し合いなさい。これがわたしの命令である（ヨハ15・11―17）。

「互いに愛し合いなさい」（ヨハ13・34、15・12）――これが、イエスが私たちに与えられた新しい掟である。互いに愛し合うことによって、私たちは、真の喜びへと招かれる。その喜びは、同時にまた、イエスの喜びであり、父の喜びでもある。

「友のために自分の命を捨てること、これ以上に大きな愛はない」とイエスは語る。「自分の命を捨てる」とは、もちろん、いのちをぞんざいに扱ってもいいといった意味ではない。この場合の「捨てる」とは、もともと「置く」（ティセーミ）という意味。つまり、イエスは、自らのいのちを十字架上に置かれた。それによって、真の愛とは何かが明らかにされ、私たちにいのちが与えられたのである。このイエスが、私たちを遣わされる。私たちが出かけて行って、実りをもたらすようにと、彼は「任命される」（ティセーミ）。御父がイエスを愛された同じ愛をもって、イエスは私たちを愛し、私たちをその使命の上に置かれる。

I asked Jesus,
"How much do You love me?"
"This much," He answered.
Then He stretched out his arms and died.

互いに仕え合う

「互いに愛し合う」とは、「互いに仕え合う」ことでもある。そのことを、ヨハネは、イエスが弟子の足を洗った物語をとおして語る（ヨハ13章）。

この世を去るとき、イエスは、弟子たちとの食事を切に願った。いわゆる、最後の晩餐である。その席上で、彼は、弟子たちの足を洗う。足を洗うという行為は、当時、奴隷の仕事とされていた。「互いに足を洗い合いなさい」――彼の遺言。これは、「互いに仕え合う」ということ、ひいては、「互いに愛し合う」ということにほかならない。

イエスは、この世を去るとき、弟子たちを「この上なく愛し抜かれた」という。それは、それ以外の愛し方はなかったということであろう。イエスの死は、あがないの死。それは、私たちに永遠のいのちをもたらすために、避けては通れないものだった。

このようにして、イエスは、「模範」（ヒュポデイグマ）を示された。それは、愛し方の模範である。それゆえ、もしイエスが、弟子の足を洗わないならば、イエスと弟子とは、何のかかわりもないことになる。つまり、分け前としての永遠のいのちを持たないことになるのである。

イエスは、自分の存在意義、自分が御父からこの世に遣わされたことの意義を確信し、それを弁えていた。それは、自己実現を目指すことではなく、御父の思いを実現することである。御父の思いとは、すべての人が永遠のいのちに与ること、これである。

わたしが天から降って来たのは、自分の意志を行うためではなく、わたしをお遣わしになった方の御心を行うためである。わたしをお遣わしになった方の御心とは、わたしに与えてくださった人を一人も失わないで、終わりの日に復活させることである。わたしの父の御心は、子を見て信じる者が皆永遠の命を得ることであり、わたしがその人を終わりの日に復活させることだからである。（ヨハ６・38―40）

おわりに

奉献生活――それは、惜しみない心で、自らの生涯を掛けて生きること。そのことについて、これまで考察してきた。その原点は、愛にある。しかし、愛は、常に具体的な形をとおして現れる。そこで今回は、特に、三つの愛の形に注目してみた。すなわち、貧しさ、単純さ、そして喜びである。その際、それぞれを端的な形で生きた三人の聖人に思いを馳せた――アシジの聖フランシスコ、聖ヨハネ・マリア・ビアンネ、そして聖フィリッポ・ネリである。彼らの生き方は、確かに、私たちにとっては、あまりにも高邁な理想に思われるかもしれない。しかし、同時にまた、私たちに喜びを与え、生きる希望への向かい方を示してくれているのも事実である。同じ主から招かれている――その確認を、静かに自分の心奥深くで味わうことができるならば、私たちも一歩を踏み出すことができるのではないか、とそう思う。

神の愛と創造

――今日の環境危機への対応の根底にあるもの――

高柳　俊一

環境問題と生態学から共生学[1]

今ではほとんど完全に忘れ去られてしまっているが、一九七〇年代以降「未来学」なるものが一時隆盛をきわめており、技術革新・進歩による生活水準の絶えざる無限の向上への確信が当然のこととして楽観的な未来像を提示していた[2]。しかしそこに青天の霹靂にようにしてローマ・クラブの『成長の限界[3]』が発表され、地球資源の無計画な大量消費が限界に達し、人類にとって生存の危機が訪れようとしていることへの警鐘をならし、以後環境問題が意識されてきた。巻末の「ローマ・クラブの見解」では次のように述べられている。

われわれは、現在不均衡状態にあり、かつ危険な方向に向かって悪化しつつある世界を、急速かつ根本的に是正することが、人類が直面している基本的課題であると、一致して確信している。

われわれの現在の状況は、非常に複雑であり、人間の多様な活動の反映であるので、純粋に技術的、経済的、また法律的な手段や方策を寄せ集めるだけでは、実際に改善をもたらすことはできない。社会の成長という目標から均衡という目標に方向転換するためには、まったく新しい接近方法が必要である。そのような再編成は、理解力と想像力をはたらかせ、政治的、道徳的な決意を行うための絶大の努力を要するであろう。われわれは、この努力が可能であると信じており、また本書がそれを可能にする力を結集するための一助であることを望んでいる。……人類がもし新しい針路に向かって踏み出すとすれば、前例のないほどの規模と範囲での一致した国際的な行動と共同の長期計画が必要となるであろう。（6）

……

……

人類がもし新しい針路に向かって踏み出すとすれば、前例のないほどの規模と範囲での一致した国際的な行動と共同の長期計画が必要となるであろう。

そのような努力は、文化、経済体制、発展段階を異にする全人類の協力を必要とする。主要な責任は先進諸国が負わねばならない。それは先進国がビジョンや人間性に富んでいるからではなく、成長症候群をまき散らしてきたのは先進国であり、しかもいまだにそれに対抗するための進歩の源となっているからである。世界システムの状況や作用についてのすぐれた洞察が得られるにつれて、つぎのことが認識されるであろう。それは、基本的に安定を必要としている世界における高度の発展は、それがよりいっそうの発展のための跳躍板としてではなく、世界の富と所得の分配をより公平に行うための足場として役だたせる場合にのみ正当化され、許容されるということである。(8)

それでも、度を越した資源の大量消費と自然破壊は止まらず、また、環境技術の発達によっても歯止めがかけられず、これまで資源提供国であった国々のいくつかが大量消費国になることによってかえって進みつつあるようにも思われる。

「エコロジー」の分野は、人類とそれを取り囲み、生存を可能にする環境との関係を調査・研究し、理想的なバランスを探し求める幅広い分野を指すようになった。そしてそれが単なる環境(理)論から環境学という部門になり、人類、人間社会と生態系との結びつきにおける一体性の意識を深め、積極的な対策を推進しようとする「共生学」に到達しつつある、といえるであろう。語源的には、ecology とはギリシャ語の oikos+logos、家、言葉、理性、理論である。

後にふれるが、教皇フランシスコが回勅の中でしばしば地球を「共通の家」というイメージでとらえ、議論を展開していることに触れ、論じるはずだが、今や ecology とは単なる「生態学」ではなく、地球とその資源の環境の中でそれらと関わり、生態系全体との結びつきで共生する人類の生き方を探求する分野として意識されるようになったわけである。それは「環境問題」を社会の人々全体に意識させ、深める使命をもつようになったのである。

こうして「共生学」は自然環境との関わりにおいて人間の行動が倫理的意識をもって行われなければならないという倫理的意識に結びついている。人間は自分のまわりの生物あるいは生態系に対する責任をもち、自然の資源を自分で独占するのではなく、全生物圏との調和の中での共生生活を営む存在である。人類はそのことを意識して経済的、社会的、政治的な仕組みを国家のレベルと国際的なレベルで確立するように倫理的に要請されているのである。人々は身近に気候変動などを体験し、テレビで南太平洋での水面上昇での島々の消滅危機の切迫などを知り、しだいに環境問題の深刻さに危機感をいだくようになってきた。この意識が将来もっと高まっていくことが期待される。

ふたたび生態学＝ oikos+logos にもどって考察してみよう。Oikos はギリシャ語の家、さらにlogosという語はまず言葉、同時に理性をも意味するが、それだけでなく、知恵を意味するsophiaに結びついている。それは旧約聖書の知恵文学からヨハネ福音書序文にかけて中心的役割をもつ概念である。その関連で言うならば、キリスト教信仰と教会（共同体）は環境問題に積極的に関わり、発言する責務を負わされていると言ってもいいであろう。のちに触れるが、この関わりはベネディクト一六世が「ヒューマン・エコロジー」と呼んだものである。

二　社会回勅から環境回勅へ

かねがね予告され、海外ではその内容が公表前から世界の報道メディアによって大きく取り上げていたが、六月一八日、教皇フランシスコの環境問題についての回勅がついに公表された[4]。環境問題についての初のカトリック教会の公的立場を明らかにするものとして公表以前からその内容をめぐって大きく報道され、議論を呼び、とくに米国カトリック教徒の間では支持、批判に分かれ、論議を醸し出した。公表の前日にはそのテクストがスクープされて流布されるハプニングさえ起こった[5]。

教皇フランシスコ自身は現在の段階からこれまでの社会回勅の流れを要約し（3—7項）、

その伝統の背景から一歩踏み出して環境の危機を訴える新しい回勅のジャンルを樹立したと言ってもいいであろうと思われる。教皇の回勅にはレオ一三世の『レルム・ノヴァルム』以来、歴代教皇が発した「社会回勅」というジャンルがあるが、ヨハネ・パウロ二世の『ラボーレム・エクスチェルセンス』(『働くことについて』一九八一)と前教皇ベネディクト一六世の『カリタス・イン・ヴェリターテ』(『真理に根ざした愛』二〇〇九)の中に環境問題に関連する言及がある。

『働くことについて』は『レルム・ノヴァルム』発布後九〇年目を記念してヨハネ・パウロ二世が人間の人格としての尊厳に結びつけて労働の意義を説いている。この回勅は創世記一章二六節と一章二八節との関連では「自然環境」という言葉はまだ使われておらず、自然は神によって創造された賜物だが、資源としてあくまでも主体に人間の働きかけによって変貌させられていくものである(5―6)。確かにヨハネ・パウロ二世の回勅にははっとさせられる洞察が多くある。たとえば、「人間の労働の発展のあらゆる段階で、人間は『自然』によっておくられた贈り物、いいかえれば、結局は創造主によっておくられた贈り物の主導的な役に直面します。創造の神秘が、人間の労働の初めにあります」(12)。労働の権利ばかりでなく、労働についての人格主義的な理解、それが資本よりも優先する要請、イエスの大工としての日常の働きのおける神の創造のわざへの参加をモデルにした「働くことの霊性」

等々の第二バチカン公会議の「現代世界憲章」に基づくもろもろの重要な示唆がある。

しかし、けっして軽視するわけではないが、この回勅はそれまでの社会回勅の路線の上に「社会正義」の理念が展開されていると言っていいようである。(6) むしろ、教皇在位一年後に出た回勅『人間のあがない主』(『レデンプトール・ホミニス』)に先進国の人間が創造主によって与えられた「社会的愛」を意識することの必要性、先進国の人々の回心を強く求めていることに注目したほうがいいようである。「つまり、このような機構は、人間が作り出した荷を人間に負わせ、地上の資源とエネルギーを急速に浪費し、自然環境を汚染することによって不断に悲惨な地域を拡大し、そのために不安、挫折、苦悩が広まるもとになっています」。『真理に根ざした愛』はベネディクト一六世がパウロ六世の社会回勅『ポプロールム・プログレシオ』発布後四〇年記念のおりに発布された社会回勅であるが、その中にすでに今日の環境問題が人間の極端な経済活動の結果起こったことを指摘しつつ、以下のように述べている。

自然環境はすべての人への神のたまものであり、これを利用する際には、貧しい人々、将来の世代、さらに人類全体に対する責任をもっていることになります。人間を含む自然が、単に偶然あるいは進化決定論の結果とみなされるとき、責任感は弱くなります。

信仰者は、自然の中で、神の創造のわざのすばらしい結果を認識します。これを被造界固有のバランスを尊重しながら、人は正当な必要——物質的あるいは非物質的な——を充足させるために責任をもって利用することができます。この観点が見失われれば、自然を触れてはならないタブーと考えるようになるか、あるいは反対に、自然を濫用するようになります。どの態度も自然を神の創造の産物と見るキリスト教の見解とは一致しません。(48)

前教皇はこの項でさらに続けてパウロの手紙を引用しながら人類の救いと被造界である自然との結びつきに言及される。

自然は愛と真理の計画を表わしています。それは人間よりも先に存在し、神によって生活の舞台として人間に与えられています。自然は創造主(ローマ1・20参照)について、そして人類への創造主の愛について語っています。また、自然は最後にキリストにおいて「一つにまとめられる」ように定められています(エフェソ1・9—10、コロサイ1・19—20参照)。したがって、自然はまた「使命」です。自然は「散らかったごみの山」としてではなく、人間がそこから、「耕し、守る」(創世記2・15)ために必要な諸原則を導きだせるように、所定の秩序を与えられた創造主のたまものとして人間に与えられているのです。……人間の救いが単に自然主義的な意味で理解された自然だけからもたらされることはありません。同時に、自然に対する完全な技術的支配を目指す、これとは逆の立場も拒絶されねばなりません。なぜなら、自然環境は、人間が思うままに自由に操作しうる原材料以上のものだからです。それは、創造主のすばらしい作品であり、無謀な搾取ではなく、利用のための賢明な目的と基準を提供する法を含むものです。今日、これらの歪曲された考えの結果、発展に多くの損害が与えられています。自然を単に偶然のデータの収集結果に還元してしまうことは、環境に害を及ぼし、さらに人間本性自体を尊重しない行動を奨励してしまいます。人間本性は物質だけでなく、精神によって形成されており、そのために超越的な意味と目的を与えられた人間本性は、文化に対しても規範的なものです。人間は、文化を通じて自然環境を解釈し、それに影響を与えます。そして文化は、道徳律の規定に従った責任ある自由によって方向性を与えられます。結果として、全人的発展の計画は、未来の世代を無視せず、さまざまな状況、すなわち生態系、法律、経済、政治、文化の状況を考慮しながら、連帯と世代間の正義に特徴づけられていなくてはなりません。(48)

三 「ヒューマン・エコロジー」

ベネディクト一六世はこの回勅の四九項から五一項にかけてまず環境問題の中心としてエネルギーの問題を取り上げている。そして五一項では「ヒューマン・エコロジー」というべきものの必要性が強く説かれている。人間の社会的道徳感覚は精神的価値観に根付いた文化の中で育成される。「ヒューマン・エコロジー」とはベネディクト一六世は次のように述べている。

自然の荒廃は、実のところ、人間の共存を形成する文化と密接な関係があります。すなわち「ヒューマン・エコロジー」が社会で尊重されるとき、それは自然環境の生態系のためにもなります。人間の美徳が、一つ弱まれば他も危険にさらされるように相互に関連していると同様に、生態系は、社会の健康および自然との良好な関係に適合した計画の尊重によって保全されます。自然を守るためには、経済上の刺激と抑止をもって介入することだけでは十分ではありません。……決定的な問題は、社会全体の道徳的方向性です。(51)

ベネディクト一六世はその道徳的方向性の究極的起源を「真理と真理が啓示する愛」に置いている。「それらの究極の源は、人類ではありませんし、人類がそれになることもできません。それは神のみであり、神は神自身で真理であり愛なのです」。社会回勅の伝統ではこれまで「社会正義」の意味内容が労働者の人格に見合った評価をし、その働きの報酬をそれに見合った生活を保障するべきこととそのための社会システムを構築することが要請されてきた。パウロ六世の『ポプロールム・プログレシオ』では第二バチカン公会議の「現代世界憲章」後の国際社会における劇的な経済状況に対応する指針を示そうとしたのであった。この回勅は世界がそのような段階からグローバルな国際社会に変貌し、人間性や人間的価値がますます市場経済的功利主義の体系によって支配され、機械装置の部品のように遠隔操作されるようになった世界の現状を踏まえて公にされたものである。

経済が道徳的性格をもつ「影響力」から遮断されなければならないという確信によって、人間は経済の営みを実に破滅的な方法で濫用するようになっています。長期的には、これらの確信によって、経済、社会、政治の諸制度は、……その約束する正義をもたらすことができなくなっています。(34)

一九七〇年代、「人間の顔をもつ共産主義」という考え方が崩壊前の東欧の国々の思想家たちによって使われたが、ベネディクト一六世はこの回勅で「人間の顔をもつ社会正義」を説いているのである。人格とはプロソポーン、ペルソナ、すなわち、顔であるから、もちろん、この人間の顔はイエスの顔、人格、ペルソナ、「神の顔」であり、その真理と愛である。今一度回勅のはじめにもどってみるならば以下の言葉がまなこに残る。

真理に根ざした愛は、イエス・キリストが、この世における生活、とくにその死と復活によってあかししたものであり、人間一人ひとり、および人類全体の真の発展を支える主要な推進力です。……（1）

愛は、教会の社会教説の中心であります。（2）……真理がなければ愛は感傷へと成り下がってしまいます。……神はアガペ（Agape）とロゴス（Logos）、愛と真理、愛とことばであるからです。（3）いうなれば、真理は、対話（dia-logos）を作り出すことば（logos）であり、ゆえに、相互理解と交わりを作り出すのです。（4）

真実への信頼と愛がなければ、社会的良心や社会的責任も存在しないことになり、社会活動は、個人の利益や力の論理に奉仕するもので終わってしまいます。これは、とくに現代のような困難な時代のグローバル化された社会においては、その分裂を招きます。(5)

理性と信仰に照らされた愛に根ざしてのみ、より人道的で、人間らしさの回復により役立つ発展目標の追求は可能になります。(9)

教皇フランシスコの今回の回勅は、前任者たちの環境と労働ついての言及が指し示すところを明らかにし、中心に位置づけ、展開したという点で「社会回勅」の伝統との連続性をもち、発展させながらも、一歩踏み出し、それとは別の独自の新しいジャンルに道を開いたと言ってもいいであろう。

これまで社会回勅の中心は社会正義の実現をめざすことの要請であったが、今回の「環境回勅」では「環境正義」とでも言うべきものの理念が中心的に打ち出され、その実現が強く求められている。前教皇の『真理に根ざした愛』でも内容的にはすでにそのことは指示されていたが、まだはっきりと提示されてはいなかった。「環境正義」という概念の明確な表現は環境問題についてのカトリック教会の公的な立場をよりいっそう明らかにしたというばかりでなく、一宗教、一教会の枠組みを越えて地球に住むすべての人に向けて危機感を発信し、共有したいと述べられている（7―9）。教皇フランシスコは、五〇年前第二バチカン公会議直前核戦争寸前の危機が迫ったとき、ヨハネ二三世が回勅『パーチェム・イン・テリス』をカトリック世界を超えて平和を望む「善意をもつすべての人々」に向けて発せられたことに言及しながら、人類は自然破壊によってそれと同じような破局寸前の危機に今直面していることをローマの信徒への手紙の言葉「被造物も……共にうめている」（8・21）を引用し、人間のからだが土の塵からつくられ（創2・7）、地球の空気を呼吸し、その水によって潤いを得ていることを忘れてしまっていると指摘し（2）、地球という惑星に生を受けたすべての人に語りかけたいと述べて回勅をはじめている（3）。

四　アッシジの聖フランシスコ、エコロジーの聖人――そのビジョンと霊性

教皇フランシスコは彼自身の教会統治の方針を明確にした使徒的勧告『福音の喜び』（『エヴァンジェリイ・ガウディウム』二〇一三）[7]の中で次のように述べている。

アシジの聖フランシスコやマザーテレサの発するメッセージを、聖堂の中に閉じ込め

て封じようとする人などいるでしょうか。彼ら自身が、そんなことを受け入れるはずがありません。真の信仰……とは、世を変え、価値を伝え、地上での歩みの後によりよい何かを遺そうという望みをつねに抱くものです。神がわたしたちを据えられたこのすばらしい惑星をわたしたちは愛しています。そこに生きる人類を愛しています。……地球はわたしたちの家であり、わたしたちは皆兄弟姉妹なのです。(183)

回勅の名称は冒頭のいくつかのラテン語の言葉によって名づけられるが、今回の回勅は"Laudato Si'"「賛美を受けたまえ、わが主よ」である。アッシジのフランシスコは一九七九年ヨハネ・パウロ二世によってエコロジー（環境保護）の聖人に指名されたが、この詩句は彼の『太陽の賛歌』の五行目の言葉である。この賛歌の言語はラテン語ではなく、聖人が使ったイタリア語のウンブリア方言によるものであるが、続けて「賛美を受けたまえ、わたしたちの主よ、姉妹にして母なる大地のゆえに／彼女こそわたしたちを支え、守り、／種々の果実、花、草を産み出しているからです」。しかし『太陽の賛歌』の引用は冒頭とこの短いものだけでなく、本文中の八七項にはこの賛歌からのかなり長い引用がある。

賛美を受けたまえ、わが主よ、すべての被造物から、とりわけ、兄弟太陽からの賛美を。
この兄弟は昼をつくり、あなたはそれによってわたしたちを照らしてくださいます、
いと高き主よ、この兄弟こそがおおいなる偉大な輝きによって
あなたにうるわしき光を返してくださるのです。
主よ、姉妹なる月と星のゆえに賛美させられてください、
あなたは天上にこれらの姉妹をつくり、
気高さと美しさを与えてくださいました。
賛美をお受けください、わたしたちの主よ、兄弟なる風のゆえに、
空気と雲と晴天の空とすべての天候のゆえに
——あなたはこれらの兄弟によって、すべての被造物を支えておられます。
賛美をお受けください、わたしたちの主よ、兄弟なる火のゆえに、
この兄弟によってあなたは夜を照らしてくださいます。
彼こそ美しく、快活で、健やかなのです。

誰でもこの回勅を読めば、その論旨の運び方にこれまで以前の教皇たちのものとは異なった顕著ないくつかの特徴があることに気づくことであろう。まず全体を通して「対話」とい

う言葉が頻繁に使われ、教皇が「対話」を通して世界の人々の感覚と認識を共有し、ともに環境意識を深めることを目指している。

その論旨展開の出発点で教皇は登位にさいしてアッシジのフランシスコを選んだことに触れながら次のように述べている。「聖フランシスコは弱い人々の世話と完全な生態への配慮を、喜びをもって、それを本当に実践して生きた聖人です。そして環境問題の研究と環境保全の実践のあらゆる分野の保護聖人であり、キリスト教信者以外の人々からもおおいに愛されています」(10)と述べている。

とくに教皇フランシスコが強調するのは、この聖人の霊性の中で創造された自然と貧しい人々に対する関心と愛が一つになっている点である。聖フランシスコの聖人としての特徴が「自然への配慮と貧しい人々のための正義、社会との関わり、内面的平和の絆がどれほど不可分かを示している」点にあると教皇は指摘している。教皇は現代人が恐怖と貪欲と強制から解放され、だんだんと「わたし(自分)が求めるものから、神がつくられた世界が必要とするものへ向かう愛の道に入っていくことを学ばなければならない」と述べている(9)。それこそが「一致(コムニオ)の秘跡」と呼ばれるもの、すなわち、「神と地球規模のスケールにおけるわたしたちの隣人と世界を受け入れることだ」と指摘する。そして、地球は人間が兄弟である他の被造物である生物とともに依存し、居住する「共通の家」、「姉妹」、「母」

であり、姉妹なのである(10)。

五　社会正義から環境正義へ——被造物への神の愛と霊性

伝統的な「社会正義」の概念は、いわば「環境正義」の概念に拡大され、地球のすべての文化、民族、あらゆる階級の人々、とくに強調されるのは「貧しい人々」が共有し、それらなしには究極的に被造物ともども生存できない基本的なもの・条件を「共通善」の概念によって規定している。ここでもこの回勅によって伝統的な概念はさらに深められ、ラディカルで、生き生きしたものとしてよみがえっていると言えるのではなかろうか。これら二つの概念は貧しい人々との連帯におけるコンテクストで深められ、語られているのだが、教皇はバチカン公会議の「教会憲章」における「新しい神の民」の教会観が受肉し、成熟した結果なのであろうと思われる。そしてそれがアイコーンとしての「聖フランシスコ」という中心的人物に集約されているようである(8)。

聖フランシスコは、わたしたちが、「インテグラル・エコロジー」が数学や生物学の範疇を超越する範疇に対してオープンであることを要求し、人間であることの核心へともたらします。ちょうどわたしたちが誰かと愛に陥った時と同じように、彼が太陽や月、あるいは、もっとも小さな生き物にまなざし向けるときは何時でも、彼は、すべての被造物を巻き込む賛歌を歌い始めたのでした。彼はあらゆる被造物と一体になり、花々にも説教し、彼らをあたかも理性を持っているもののようにして、主をほめたたえるように招くことすらしたのでした。彼の周りの世界への反応は知的理解や経済学的算段をはるかに越えていました。なぜなら、彼にとってすべての被造物が愛のきずなによって結ばれた姉妹だったからでした。それが存在するものすべてを世話するために自分が召されていると感じていた理由だったのです。彼の弟子聖ボナヴェントゥーラが述べています。「すべての被造物の第一の根源についての反省から、それ以上に豊富な信心に満たされて、聖フランシスコは、どんなに小さな被造物であっても、「兄弟たち」あるいは「姉妹たち」と呼んだのでした。」このような確信はナイーブな浪漫主義と呼んで無視してしまうことはできません。なぜなら、それはわたしたちの行動を決定づける選択に影響を与えるからです。もし、わたしたちがこのように自然と環境に畏敬と驚嘆に開かれた感覚の言語をもはや話さなくなってしまうならば、わたしたちの態度は、主人、消費者、天然資源を食いものにする残忍な人間のものとなり、現在の直接的な欲求に歯止めをかけることができなくなるでしょう。それとは対照的に、わたしたちがすべての存在するものと親密に一体であると感じるならば、その時は抑制と配慮の姿勢が自然と湧き上がってくるでしょう。そして聖フランシスコの清貧と禁欲はけっして禁欲主義の見せ掛けではもはやなくなり、もっとラディカルなもの、現実をただ単に使用し、管理することを拒否する姿勢であると気がつくことになるでしょう。(11)

教皇フランシスコは前任者ベネディクト一六世が自然環境に対する、人間の姿勢を「ヒューマン・エコロジー」と呼んだものを聖フランシスコの霊性における自然と被造物への同情と配慮から(9)インスピレーションを受けて「インテグラル・エコロジー」と彼が呼ぶものに拡大している。

教皇は「聖フランシスコが聖書に忠実に自然を、神が人間に自分の無限の美しさと善性を語り、垣間見せる壮大なものとして見るようにと招く」と述べた後、わたしたちの共通の家を守り、持続的で、全体的な発展をめざす挑戦を受けていると指摘するのである。(10)教皇はとくに国際資本による水資源の濫用が生命の源である水資源の枯渇に至り、そのことが今世紀における深刻な対立に至りかねないことに危惧を表明している。水は生命の源である。同時に教皇は人間による超大規模で急激な資源開発と農地開墾による開発がこれまで開発がとどかなかった世界の隅々にまでに及んだ結果として、自然の破壊が進み、温暖化や異常気候が進み、生態系が破壊され、環境汚染による種の消滅が進んでいる事実に言及しながら、生態系的多様性が損なわれていることにも言及している（32―42）。「すべての被造物は結び付けられています。すべての生き物は愛と尊敬によって大事に取り扱われなければなりません。なぜならわたしたち皆が生命を共有する者として相互依存しているからです」（42）。

教皇は国際的に先進国と開発途上国の間の経済格差、それぞれの地域における極端な貧富の差によってある意味で「誤ったエコロジー的な意味」で生活をエンジョイできる階級と大多数の劣悪化した生活の質をおしつけられ、人間的生活から程遠い水準にあえいでいる貧困階級との生活の質における極端な落差にも言及している。現代の消費文化を「投げ捨て文化」と呼ばれている（43）。これは環境問題によってもたらされた社会正義の緊急性についての指摘である。専門家の間でもさまざまに異なった意見があることを認めつつも、それぞれ意見は異なっていても、「わたしたちの共通の家が重大な破局に陥り入りつつあることが分かるために事実に正直なまなこを向ける必要があります」と述べ、さらに、以下のように続けている。教皇の見方は世の終わりの黙示的ビジョンを含んでいるようにも見られる。

いつも脱却する方法はあるという希望は、この問題についてもこれまで通り、わたしたちが歩んで行ける何らかの方法があるのではないかと思わせるでしょうが、それでも事態が限界に今や達しつつあるという兆しをわたしたちは見ることができます。……しかし、現在の世界のシステムは多くの観点から見て確実に継続不能です。なぜなら、わたしたちが人間の活動の目的について考えることをやめてしまっているからです。わたしたちが自分たちの住んでいる惑星の領域を眺めるならば、人類が神の期待にそぐわなかったことにすぐ気づくでしょう。（61）

六　黙示的状況の向こうにある世界への希望

教皇は他宗教や信仰者でない思想家や科学者との対話をつねに意識している。回勅の第三章（項目101―136）では現下の切迫している「環境危機の人間における原因」のテーマが取り上げられている。

現代文明における技術中心のパラダイムの功罪の分析が行われ、創造力による人間精神の物質の束縛からの解放を果たしたが、同時にそれを握るグループの利害の力による生活スタイルの条件化と社会的可能性の枠組みの規制をもたらし、他の考え方と生き方を不可能にし、今や社会の経済生活や政治生活はたえず新しい技術を受け入れ、それに支配されなければ不可能となった。人間知識のすべての分野では専門化が極端に進み、全体的知識は分野ごとに分断され、断片化され、人間は自分のものとは違った他の分野の知識を理解することが困難になった。とくに科学技術の分野でこのことが顕著であることは言うまでもない。

専門化は技術にともなうものです。それはより広い視野でものを見ることを困難にします。知識の断片化は個別の具体的な応用には助けとなっても、相互の結びつきが意義をなくし、しばしば全体的事態への理解、物事の関連性の理解とより広い水平線へのまなざしの喪失につながって行きます。……生命はしだいに、それ自体、存在の意味を解くおもな鍵とみなされる技術によって条件づけられた事情への降伏になって行きます。(110)

こうして教皇は国際社会が汚染、環境劣悪化、自然資源の浪費限界といった直接の一連の課題ごとに対応するのではなく、技術文化に対抗して総合的な「環境文化」をつくりあげることが必要だと説いている。

事態を全体的に見てとらえる仕方、考え方、政策、教育プログラム、ライフ・スタイル、霊性などが必要です。そうしなければ、最善の環境問題への対応のイニシャティブも同じグローバル化の論理に捕らえられてしまうでしょう。個々の環境問題に持ち上がるごとに技術的解決策だけを模索することは、現実には結びついているものを別々に分け、地球のシステムに含まれている本当で、もっとも深い問題を隠蔽することになるでしょう。(111)

そして近代の人間中心主義の結果とその危機を、勇気をもって乗り越え、「大胆な文化革命」へ進んで行くことを提唱している。教皇が提唱しているのは全人類が一人ひとり完全にそれぞれの人間性を発展させることができる「創造の福音」である(64)。黙示はこの世の最後の破壊だけではない。福音はすでに旧い世界の破壊の後に出現する新しい世界を指し示しているのである。教皇は人々が神の創造の原点にたちもどった時の人間中心主義から解放の喜びとエネルギーに満ち溢れると考えている。このことは教皇登位直後の使徒的勧告『福音の喜び』に明確に打ち出されている。

教皇にとって「環境問題」は単なる人間を取り囲み、生存を可能にしている諸条件につきるのではない。それは人間自体と相互関係の問題である。環境はただ自然条件につきない。それを意識し、創りあげるのは人間である。人間と人間、人間と自然の個々の具体的な関わりから「環境」が意識され、その存在が現れる。

わたしたちが「環境」について話すとき、わたしたちが本当に意味しているのは自然とその中に生きている社会との間に存在する関係です。自然はわたしたち自身から分離している何か、あるいは、単に、その中でわたしたちが生活している、設定物としてみなすことはできません。わたしたちは自然の一部であり、その中に含まれており、こうしてそれと絶えず相互に作用しています。(139)

こうして教皇は「環境における危機においてわたしたちが二つの違った危機、一つは環境危機、もう一つは社会的危機に遭遇しているのです。後者のほうは複雑な危機、つまり、社会的危機あると同時に、環境危機でもあるものです」と述べて(139)、経済発展の可能性が「より広い現実の把握」を可能にする「経済的エコロジー」の必要性を強調しているが、それは人々の生活の質の問題に関わっている。

わたしたちは、もっと全体的で、包括的な、経済学を含む、さまざまな分野を含む知識を綜合できるヒューマニズムを緊急に必要としています。今日、環境問題の分析は、人間の、家庭についての労働に関連しており、都市生活のコンテクストと分離することはできません。さらに、個々人がどのようにその生活と関連しているのか、それはさらに彼らが他の人々と環境に関連しているのかの問題につながっているのです。複数の環境体系の間には相互関係、さらに社会関係には多様な領域の間の相互関係があるのです。こうして「全体は部分よりも大きい」という定理が再び証明されるのです。(141)

ある意味でユートピア的とも思われかねない、このビジョンを教皇はいかのように結んでいる。「もしすべての事柄が関連づけられれば、その時はその社会の制度の健康、人間の生命の健康が環境に影響を与えるでしょう」(142)。しかしそれは確かに実現をめざさなければならないという強い教皇の意識が感じとれるようである。

七　創造の秘跡(サクラメント)と宇宙の交わり(コムニオ)

教皇フランシスコスの回勅には、ポストモダンと呼ばれる現代の地球環境の視野と人類の関わりについての広範で包括的な示唆が豊かに含まれている。確かに、環境問題は今日の段階では黙示的な破局が差し迫っているという感触を与えていると言い得るであろう。それを逆転するための動きは国際会議の次元、ローカルな実践の次元ですでに起動しはじめているが、強大な国際的な経済システムのスピードに人類の国際的な意識が追いつき、追い越すことができるかが問題なのである。第二次世界大戦とポスト冷戦後しばらくの間、先進世界では途上世界の犠牲の上に政治的安定の上に経済的落差が緩和され、社会保障制度が確立され、社会的不安が解消されたが、今やそれは当然のことではなくなりつつある。コミュニケーション・テクノロジーの急速な展開によって国際資本の力は巨大化し、瞬時に投機マネーが巨大な利益をもとめて眼に見えない領域で地球をかけめぐる。一九世紀にマルクスが名づけた「人間疎外」が社会の隅々まで行き渡り、人々は内面で実存の不安の渦にいやおうなしに巻き込まれている。それが環境問題の根にあるのである。

教皇は、創造された地球に生命を授けられて、神のかたどりとして人格の尊厳を与えられた人間一人ひとりが「人間喪失」の状態から復活して真の人間に立ち戻るように呼びかけられている。

自然への配慮は、共に生き、交わる能力を含む、ライフ・スタイルの一部です。イエスはわたしたちに、わたしたちが共通の父として神をもっており、このことがわたしたちを兄弟、姉妹にしていることを思い出させています。兄弟愛は無償である時にのみ可能です。それは他者がしてくれたり、わたしたちのためにしてくれるであろうことにたいする代価ではけっしてありません。それがわたしたちが敵を愛することを可能にするのです。これと同じ無償性がわたしたちが風や太陽、雲をコントロールできなくとも、愛し、受け止めるようにするのです。この意味でわたしたちはそれを「普遍的兄弟愛」と呼ぶことができるのです。(228)

わたしたちはお互いを必要としているという確信を取り戻さねばなりません。わたしたちが他者に対して、世界に対して共同の責任をもっていること、善良であり、正直であることはそうある価値があるという考え方を取り戻さなければなりません。……社会生活の基盤が腐食しているならば、それに続くのは対立する利害、新しい形の暴力と残忍性と環境に対するケアをする真の文化に対する妨害のみがあるのです。(229)

愛は、互いのケアのささやかな行為によってあふれ出てくるものですが、その愛はまた公共的で、市民的なものであり、より良い社会を建設しようとする、あらゆる行動の中に感じ取られるようになるものです。社会に対する愛と共通善への献身は、個々人の関係のみならず、「社会、経済、政治のマクロの関係」に影響をあたえるものなのです。(231)

このようにして、神がわたしたちに委託された共通の家に住んでいるという連帯性の感覚によって、世界全体とさらには、もっとも貧しい人々の生活の質に配慮が行き届くでしょう。自分を捧げる愛を表現するとき、このような共同体的行動はまた強固な霊的体験になることができます。(232)

教皇フランシスコの登位にさいしての施政方針ともいうべき使徒的勧告『福音の喜び』は、第二バチカン公会議の教会憲章「諸国民の光」の教会すなわち「(新しい)神の民」の教会論の原点に立ち戻って、現代世界のすべての人々との連帯を再構築するということを強く示唆するものであった。この連帯は教会論における「コムニオ」の概念を「教会」の内に限定せず、諸民族、他宗教の信者たち、イエスの教え通りに貧しく、疎外されている階級まで限界を定めず、すべての含むものに実現するということを明確に宣言している。それは「勧告」では「貧しい人々の社会的包摂(インクルージョン)」(186)と呼ばれているが、それは「コムニオ」というものの新しい解釈学的転換があろうと思われる。「すべてのもののうちに神をみる」(ロヨラの聖イグナチオ)。この言葉の原点におけるアッシジの聖フランシスコの神の被造物への愛を教皇は今回の回勅で「イエスのまなざし」の観点から解釈している。

イエスは創造主である神に対する聖書的信仰を取り上げて、「神は御父」であるという根本的真理を強調しました（マタイ11・25参照）。弟子たちとの話の中でイエスは、神は、あらゆる被造物に対してもっている父親としての結びつきを知るように招いています。感動的やさしさをもってイエスは弟子たちにそれらの一つ一つが神の目には大切であるとさとされたのです。……（97）

宇宙はそのあらゆる事象と被造物の複雑な関連性における壮大さと美によって神のわざを示している。環境の神学は創造の神学に根付いている。教皇はこの回勅の第二章「創造の福音」の中でかなりのスペースを割いて神の創造からイエスまでの歴史の歩みを聖書神学の手続きに依存しながら、イエスの出現に至る「物語の神学」を語っている。そしてこの歴史における展開の神秘は最終的にはイエスに集約されるアルファ点であり、「宇宙のキリスト」におけるオメガ点の完成へと向かうのである。教皇は感謝の祭儀の「パン」がイエスのからだとして神の愛の創造のかたどりであり、すべてをまとめ上げるコムニオの実体的象徴のサクラメントであると述べているが(11)、同時にそれは神と人間とすべての創造されたものの間の契約の絆の証しでもある。

註

（1）本文中の教皇文書は中央協議会発行のものを文脈に即して多少修正して使用した。回勅『ラウダート・シ』にはまだ日本語訳がないので、引用は個人訳である。本文中の引用末尾のアラビア数字は原典テクストの頭につけられているもの。

（2）TRH（Theogische Realenzyklopaeie, Berlin: de Gruyer 1983）B.1, 767-773.

（3）監訳・大来佐武郎『成長の限界――ローマ・クラブ「人類の危機」レポート』（ダイヤモンド社、二〇〇九、*The Limits to Grouth: A Report for the Club of Rome's Project on the Predicament of Mankind*, 1972）。

（4）たとえば、ドイツの新聞『フランクフルター・アルゲマイネ』六月一九日号は冒頭の社説をこの回勅の論評に費やし、二頁全体で取り扱い、半頁を回勅についての気象学者のインタビューに当てている。この気象学者によると、回勅は将来の環境政策に大きな影響を与えるであろう、ということである。

（5）米国カトリック・オピニオン週刊誌『アメリカ』（*America*）五月二五日／六月一日号は

回勅公表前から、それぞれの国における回勅へのカトリック世論の中での抵抗の意見の動向を報じていた（一九―二二頁）。ともに、英国の『タブレット』（*Tablet*）六月一三日号（六―七頁）も「敵対的雰囲気」（"Hostile Climate"）の中でこのことを報じていた。

（6）"Social Thought, Papal," NCE（*New Catholic Encyclopedia*）2d.Ed, vol.13, 257-269.

（7）Austen Ivereich, *The Great Reformer: Francis and the Making of a Radical Pope*, New York: Henry Holt, 210-216.

（8）Walter Kardinal Kasper, Papst Franziskus: Revolution der Zärtlichkeit und der Liebe: Theologische Wurzeln und Pastorale Perspektiven, Stuttgart: Bibelwerk, 2015, 53-64.

（9）Edward A. Armstrong, *St.Francis, Nature Mystic: The Derivation and Significance of the Nature Stories in the Franciscan Legend*（Berkeley: University of California Press, 1973）.

（10）いわゆる教導職のものではないが、バチカン・国際神学委員会（International Theological Commission）の報告書、*Communion and Stewardship: Human Persons Created in the Image of God*『交わりと管理――神の像として造られた人間の人格』（二〇〇四）に至る論議の中では創世記のウルガータ訳ラテン語聖書に基づき「人間は被造物の主（Dominus）」、地上の支配者とする意見が強かった。しかし、結局は「主」ではなく、創造主である神の「管理人」であることで落ち着いた。国際神学委員会『人間の尊厳と科学技術』（岩本潤一訳、カトリック中央協議会、二〇〇六）四六―六一頁。

（11）『神のくに・宇宙賛歌』『テイヤール・ド・シャルダン著作集』5（みすず書房、一九六八）二二三―二二五頁。

愛と結婚について
――大学生と一緒に考えたこと――

山岡　三治

結婚について

何年か前に大学一年生向けの人間学講義で「結婚と愛」というテーマを扱ったことがある。ディスカッションの材料は当時五十なかばの介護士（独身）S子さんの結婚観で、それを学生に提示したところ、興味深いことに賛否が真二つに分かれた。

S子さんは若いころからドイツに住んでいてドイツ人の老人ホームで三十年近く介護士として働いていた。彼女は介護の仕事を熱心にこなし、勉強熱心で読書量もかなりなものだった。ところがいざ「結婚」となると否定的である。もちろん、結婚する人に面と向かって反対したりはしないし、友人の結婚式があればお祝いにも行くが、ふだんは「結婚なんかしないほうがいいわよ」というのがくせであった。感情まかせに動く人でもなく、つらい経験の末にそういう考えに至ったようにも見えず、さらったとした性格であるから、結婚についてS子さんなりに冷静に考えたのだろう。そのような彼女の結婚反対論は以下のようであった。

「幸せなのははじめの半年ぐらいなものよ。」

「ひとりでいたときはそれなりにやりたいこともできるのに、いざ結婚したらたいへん。二人の背景はまったく違うから、何から何まで話し合うなりして決めていかなくてはならないし、うやむやにしておくとあとがもっと面倒になるでしょ。途中で妥協したり、逆に意地はって自己主張したり、その結果自分を見失って自分が自分でなくなってしまうこともあるでしょ。二人ははじめからうまくいかなくてあたりまえなのよ。それがわかって結婚するなら、それはそれですごい決心よね。頑張ってもらいたいわ。うまくいったら奇跡よ。結婚というのはあくまでも選択だし、それを選ばなくてもいいのよ。」

「結婚式のあとからが本当の結婚生活よ。挙式やらその前のたくさんの準備、挨拶状、結婚指輪やドレス、挙式場、披露宴、資金繰り、家族親族との挨拶、新婚旅行などなどは一時的で単なるお祭りに過ぎないから、終わったらおしまいよね。最初は明るい将来に希望をいだいてウキウキしているので準備の苦労もいとわないかもしれないけれど、このお祭りがおしまいになってからがたいへんなんだから。」

「結婚式のあと、祝福に来てくれた人たちが去っていって、いざふたりだけが残ってからよね。さあ、どうする？　これからどう生活していくか、現実の壁が目の前に迫ってくる。家計の収支、子どもは何人、それぞれの親戚友人とどうつきあっていくの。親の面倒の分担は？　他の兄弟との付き合いは？　毎日の炊事洗濯の分担はどうするの。いまどき一人にやらせっぱなしはないでしょう。」

「結婚前は、ロマンティックな家や家具、犬や猫がいて、一家団欒、バラ色の夢がきっとたくさんあったでしょうけど、いざ厳しい現実に直面したらその夢など霧散するでしょう。」

「結婚の現実はお互いにいろいろなものを失っていく過程かもしれないわね。物資ではなくても、時間とか友だちとの日常のコミュニケーションとか、いままであったものをもう維持できなくなることが多いのではないかしら。病気もそう。自分が病気にならなくても、家族のだれかが病気になったり、事故に遭ったりするでしょう。そうでなくても想定しなかった病気、事故、失業や破産、家族のみでなく近隣とのトラブルもつきものよ。」

「せっかく望んでいた子どもが生まれても、かわいい時期は束の間の短い間だけで、教育は面倒がかかるし、子どもは言うことを聞かない。そのうちに取り柄だった忍耐もその緒が切れ、自己制御がきかなくなって感情的になったりするし、私はこんなはずじゃなかった、と思ったりするのよ。不自由そのものよね。だから結婚を考えている人たちはよくよく考えて、あとで後悔しないようにするのがいいと思うよ。それらを理解して、それでもあえて結婚する人は心から祝福したいな。」

この介護士の意見を聞いた学生たちのリアクションは以下のようなものであった。

まず比較的同意のほうは、

「たしかに、結婚かならずしも幸福とは言えない。子供のために離婚しないという夫婦も多い。」「いつでも別れることができる同棲の方がいい。相手の愛する相手を限定することが結婚のはずだから。」「マーフィの法則『恋愛から冷めるには結婚するのが一番早い』という言葉がちらつきます。」「その人は実は結婚できないのではないか。好き勝手なことを言ってほしくない、けど……あたってるしなぁ。」「私の最終目標は結婚なので少し参考にしたい。」「結婚は分担作業集団でしかないのでは。恋の結果なので相手を自分のものにしたいことの結果。だから皆が人を愛せるならば結婚や家族関係はいらないのでは。」「互いに責任がもてないならば、子供はつくらずずっと恋人関係でいればいい。」「豪華な結婚式でなく、うちわで小さな教会でささやかな結婚式をしたい。」「結婚って大変だなぁと思いました。自分勝手でわがままなわたしはすごくいやだなぁ〜と思いました。」「結婚しないほうが、結婚で相手を妻という名の家政婦にするよりいい。」「現実を見ない結婚はたしかに間違い。相手ととことん付き合って行く覚悟こそが結婚であると思う。」「幸せな結婚、明るい結婚というのはあくまでも幻想に過ぎないのに、周囲は『幸せな結婚』を強制している。」「結婚が非常な努力をともなうという意味で賛成。」「人は長い間に形は変わっても、同じ重さの愛を抱きつづけられるだろうか。」「僕の結婚後の唯一の楽しみは育児です。夫婦はうまく行かないかも。他人なので。」「性格の不一致はあたりまえと思っているし、結婚式にお金はかけたくない。」「最後には成功する結婚もあることを言っている点で好感が持てる。」

次は反論。

「性格の不一致を乗り越えて好きな人と一緒にいつまでもいたいというのが結婚であり、『幸せはほんの少しの間』という言い方は納得できない。」「その人の人生に一生関わっていきたいから結婚する。結婚式もハネムーンもしないで結婚する人もいます。結婚は片方だけのエゴでなく、相互関係。」「この人の考えはいったいなんだろう。結婚の根本的な概念を間違えている。二人だから築ける幸せだってあることを知らないのだ。」「結婚って大変だと思うけど、その結婚観は極端すぎ。苦楽を共にするのが結婚でしょ。Half the sadness. Double the happiness でしょ。好きなら飽きないと思う。この介護士は愛についても冷たく語るのだろうか。」「結婚の幸せは……ふたりの愛、愛する子供たち、普段の生活の幸せ、たまにはケンカ、ギクシャク……の全部をひっくるめて幸せなのです。」「互いに愛しあった者同士がずっと一緒にいることができる。」「この結婚観は決めつけ過ぎ。たとえ私の結婚観が理想的で非現実的だといわれても。」「違うということは補い合うということだから素晴らしいことじゃないですか。」「こんなにネガティブな面を強調されるとかえってウソっぽく感じます。一番身近な両親を見ている限り、けっこう幸せそうなのですが、錯覚だとしたらさみしいです。」「悪い面だけを見ている。結婚はメリットがあるからこそあれだけ結婚したがるのだ。」「いちがいに結婚する人に『大変ねぇ』とは言えない。」「その人がいうほど結婚は不幸があたりまえではない。」「違う人だからこそある発見もある。家族のために自ら犠牲にならなくてはいけない場合もあるはず。」「あんまりネガティブにならないで気楽に行きましょう。一人でいたくない人は結婚すればよろしい。」「結婚はすれ違いや辛さをある程度乗りきれば、お互いに素の姿を出せるし、幸福感を味わえるはずだ。辛いことがあるゆえに、幸せもあると思う。」「人間のエゴを簡単に語りすぎている。全面的に結婚を皮肉らなくてもよい。」「結婚するときに『えらいことになった』なんて言われたらショックだ。」「考え方次第だが、結婚はいいものだと思っていたい。悪い側面をスタートとすれば割にうまくいくのでは。」「結婚っていいことだって絶対ある。おじいちゃん、おばあちゃんになっても手とかつないで歩いている夫婦にあこがれます。」「結婚の行く先は当事者次第だ。」「結婚だって、たまにいいことがあって『幸せだ』と感じるのが人生ではないか。」「結婚を継続している人がこれだけ多いのはやはり幸せがあるから。私は結婚したい。」「まだバラ色だと思っていたい。」「強い反感を覚えた。夢がくだかれた感じ。」「結婚をこんな風にしか考えられない人はさびしい。」「不一致があっても妥協しつつ理想をめざすことが大切。」「覚悟ができたから結婚する？　そんなばかな。……こんな冷めきった考えしかできないなんて。周りに幸せな人がいないんでしょうか。」「つらさをがまんし乗り越えてゆくことによってこそ新たな文化が生まれ、大きなものがえられて行くもの。」「人間の尊厳を失ったら終わり。一心同体になることと一人の人間として見なくなることとは異なる。」

結婚は生涯の修行の場

さて読者はこの議論について同意か反論のどちらをとるだろうか。落ち着くところはたぶん、「否定的意見が理解できないわけではないが、やはり結婚はすばらしいものであってほしい」ではないだろうか。結婚生活は生涯自分が成長していくための場であって、結婚には自己抑制と忍耐と努力、そして理解しあう喜びの積み重ねを長い間続けてこそ、実りとしての幸せを感じることができるのではないだろうか。ふだん、多くの人が「人生は修行の場」であると言うのならば、結婚生活こそが修行の場としてふさわしいものであろう。

結婚における修行は、生きるには相手があることを認めることから始まる。それは人生を生きることと切り離せない。ただし努力をしなくなったら成長も疑わしくなるのは人生のどの局面でもそうである。

自分と相手の二つの存在が相互に独立していることを認め、尊重し、その上で、ときには一方的にときには相互的に愛していくことは修行であり、相手から「学ぶ」ことと相手から「影響を受けること」を受け入れることでもある。評論家の小林秀雄はいちばん影響を受けた人について尋ねられたとき、「自分の妻だ」と答えたのもむべなるかなである（高見沢潤子『兄小林秀雄との対話』講談社新書、一九七〇年）。そのようにして学びつつ相互の信頼を育み、より深いコミュニケーションを継続してゆくところに結婚の意味があるのだと思える。

愛とは純粋でなくてはならないもの？

実は結婚がどういう実りを結ぶかは、二人の間の関係、つまり愛のあり方によるだろう。プロテスタント教会の結婚式でよく歌われる讃美歌「妹背をちぎる家のうち」（讃美歌四三〇番）のなかでは愛さえあれば結婚はすべてうまくいく、とある。愛のあるところには神がいつもおられるからである。その愛とは好き嫌いのことではなく、無償の愛をさしている。

教会で言う結婚の愛は単なる友人同士の友愛ではなく、その枠を超える男女の愛についてである。愛というとキリスト教では「アガペー（ギリシャ語。報いを求めず、相手の幸せのみを求める純粋で一方的な愛）」が強調されて、「フィレオー（ギリシャ語で友愛。相互交流的、それゆえ自分も相手から期待するものがある）」との違いがよく言われる。ではその愛の枠組みから男女の愛を理解できるであろうか。

そこでアガペーの愛を強調する理想家たち——おうおうにして未婚の若くて純粋なクリスチャンがそのような理想をもっていたりするのだが——がどう考えているかを紹介してみよう。彼らは概してこう主張している。

「愛はアガペーであるべき。いっさいの自己愛とか友愛を超えるべき。愛と恋愛はまったく違う。恋愛は一時的なものであって、相手にたくさんのものを自分のために期待するのではほんとうの愛ではない。だから愛するなら、相手のよいようにひたすら願うばかりであって、自分のよかれ、についてては考えるべきではない。だから自己愛と結ばれた嫉妬が生まれるはずはない。嫉妬は愛ではない。捨てられたってかまわない、相手が自分のよりよい道を自分で選んだのだからと考えることができるようになるべきだ。」

「相手がどのような方であろうと、自分の愛のあり方が問われるのだから、たとえ、一般的には結婚相手が見つかりそうもない状況の人でさえ、もし私を必要とするのならば、私は自分の好みを放棄して、生涯をその人に捧げたい。」

これについての大学生のリアクションを見てみよう。まずは概ね賛成している学生たちのリアクションである。

「たしかに、本当に人を愛することとは、その人のすべてを理解し、悪いところも好きになることだと思う。」「相手の欠点は絶対あるが、それに目をつぶらず、認めることが大事と思う。」「愛は相手の幸福だけを願うものなのか。私はけっこう『ちっちゃな愛』をいろんな人にばらまいてしまう。自分が無意識的に見返りを期待してるんじゃないかと時々心配になる。」「恋を通して愛に変わるもの。愛の世界は恋よりもはるかに心が安らぐ。どういうものが心を安らぐもとになるかを考えてみるべき。」「一理はある。」「愛とは育つものだと思います。恋が続いて↓恋か愛かわかんない↓愛かもしんない↓ん〜、やっぱり愛っぽい↓愛。」「中高年になってちゃんと愛することができるために、いまのうちに恋を楽しみたい。」「嫉妬は自分に自信のない人がもつもの。」「愛と恋の定義には納得。しかし、私に子供が生まれたら、愛するが、男性に対しては恋することしかできないのでは。」「愛とは相手を思う気持ちがあってこそ成り立つ。」「相手を思う愛は恋人との間のみでなく、家族や友人の愛にも当てはまる。」「賛成。愛は相手のすべてを受け入れることです。そのためには愛は無償でなければなりません。」「賛成。どうせ理想を掲げるなら究極の理想がいい。こういう風に人生に対して腹をくくる人の方が小さなことを幸せに感じられる。」「賛成。こういう考え方があっていいと思う。」「たしかに見返りを求めないのが愛であるが、それは難しいことだと思う。」「なるほどと思った。」「恋から愛にいくには修業がいらないとしても時間が必要。」「わかるような気がする。孤独に人間は打ち勝てないのですね。そんなくだらない当たり前のことを人生かけて考えるなんて思うと絶望します。」「現代のおとなでも恋と愛を履き違えているので子供たちまで誤った恋愛観を植えつけられる。」

次は反対のリアクションを紹介しよう。

「何かやたら偉そうで、自分が思うことを絶対化しすぎ。」「ひたすら献身することだけが愛だろうか。お互いに迷惑をかけあい、助け合いながら作り上げてゆく愛もあるのでは?」「嫉妬してしまうのは愛しかたが足りないのか?」「愛とは気がつけばあるもので、奪ったり与えるでもないもの。」「それが正しいとしても人間くささが感じられない。私たちは神さまじゃないんだから……。『相手が幸せなら平気』なんて、単なる言い訳と自分に対するフォローに過ぎない。」「相手が自分をすごく愛しているという実感していたら嫉妬は起こらない。」「相手を失っても平気というのは本当の愛といえない。喜怒哀楽のない愛はつまらない。」「相手をそのように受容することは、自分の行き方、意志を否定することにならないのか。」「心の平穏よりも十代のエネルギーをぶつける方が大事。」「恐らく愛のその段階に私たちと同じ世代の人はいない。その段階に落ち着くよりも恋の段階で、自分を理解してほしい、相手を理解したいと葛藤していることが楽しい。」「アガペーという愛の方が『盲目』に見える。相手のことばかり考えるのは愛ではないと思う。」「愛にだって嫉妬はある。無償の愛が愛だってのはおかしい。」「嫉妬するからって愛がたりないわけではない。」「嫉妬しない人なんかつまらない。」「愛に飢えているからこんな愛の説明になるのではないか。」「自分を愛さない愛は愛ではない。」「相手が不誠実だったら奪われるだけの結果になるのは残念。」「相手が幸せならば自分も幸せというのはウソだと思う。聖人のようになれない自分に苦しんでこそ愛だと思う。」「相手の心変わりまで受け入れるのは理解できない。」「何もかもゆるしてしまうのは愛ではない。」「相手が幸せならいいって考える人はどれだけいるんでしょうか?」「愛は数学のように共通の答えはないので押し付けられるとムカつく。」「究極的で正しすぎる。『それはそうだけど……』と言う言葉を発したくなる。」「強いからこうなってしまうのでしょう。」「やや反対。相手の幸せだけを願うのはいやです。自分の幸福も願いたい。相手の幸福だけを願うのであれば、私は誰も愛せない。」

愛とは

賛成するほうと反対するほうを読み比べてみて、読者はどう感じたであろうか。筆者としては、「愛」という一言について抱く感情や意見が実に多様なものであることに驚きを感じた。学生にとっても、ふだんは「愛とはこうこうこういうもの」とひとり思っていたものが、同世代の人がこれほど多様に考えていることに気づいたこのではないか。実はこの気づきは愛のみでなく、ほかの人生の大事なことについて考える際にたいへん大事なことだろうと思う。

反感のなかには若者らしい真剣さも見える。「自分たちも愛されたい」、「愛は相互的なものであってほしい」という情熱があるからだろうし、片思いだとか、恋愛真っ只中の学生が受講生のなかにいたのかもしれない。筆者とすれば実はどちらともいえない。無償で一方的な愛に賛成ではあるが、他方で反対者のような相互的な思いにもうなづいたりしている。一方的愛の主張に欠けているものがあるとすれば、愛には「相手」があり、愛は「コミュニケーション」、「交わり」であることである。キリスト教の愛は一方的であると同時に、相手と与える受けるの相互性がある。

コミュニケーションは最初から完成されてはいない。無償で一方的なときも必要なことがある。成熟したコミュニケーションに至るまでの過程ではかなりの忍耐が強いられるし、相手の立場に立つことが前提となる。どちらか、あるいは双方が傷つくこともあるだろう。その「傷つく」ということが愛の不足だと指摘するのは早計であろう。前向きに生きる者には、傷つくことも理解の道筋にあるものとして積極的に受け入れる姿勢があるからである。一方的な愛の試行錯誤の積み重ねには時間がかかり、生涯続くものであろう。でもそれによってこそ、相互的な愛や愛のコミュニケーションが成熟していくと思える。

相互的なものであるためには、相手の人格を自分と完全に区別して、相手の立場や趣向を認める必要がある。相手を自分の思い通りにしないことが成熟した愛の特徴である。最近では日本でも老夫婦が仲良く散歩することが多くなったのは夫婦愛の成熟が感じられる嬉しい風景である。ふたりの人格がそれぞれ相手を受け入れ、受け入れられ、長い時間を経てそれぞれが個人としても成熟している。男女の愛の成熟は相手を理解し、認め、そして相手が自分に対してもそうしてくれていることに喜びを感じることであろう。そこには一方的な愛と相互的な愛が調和して共存しているのではないだろうか。もちろんそこに至るためには相当の年月と努力が必要だろうと思える。

お互いに相手を一方的に愛し、その試行錯誤の積み重ねによって、愛のコミュニケーションを成熟させていく人々のところには神の愛が存在している。相互の愛の成長にうまずたゆまず日々努力する人々には神の働きがある。「愛する者は皆、神から生まれ、神を知っているからです」（一ヨハ4・7）という著名な聖句があるヨハネの第一の手紙にはそのような愛について詳しく書かれている。神の人々への一方的な愛に始まり、人々は神への愛と人々との愛に目覚めさせられ、そこに愛の体験をするのである。利己心なく、相手がよかれとひたすら願う愛のコミュニケーションを深めていくべきである。それが神を体験する方法である。アウグスティヌスは神の霊の働き（聖霊）を説明するのに、父なる神と子なる神との間の愛であるとした。独立した個性を持つ人と人との間に愛することへの努力があるときの信頼感、安定感は神から来ている。

結婚生活と修道生活

さて結婚と愛には忘れてはならないものに「死」がある。結婚式では「死がふたりを分つまで」という約束があるが、最近では、例えばカトリック教会の結婚式の儀式書ではその部分を省いている。死という縁起でもない言葉は結婚式という華やかな場にふさわしくないという日本人的感情に押されてそうしたのかもしれないが、生涯の忠実を誓うのであるし、相当の決意を必要とするという意味からしても、死という現実を直視しなくてはならないのではないだろうか。死と別れを意識しないではよい結婚生活を送ることができないであろうことは、人生そのものが限りある命であることを意識してこそ有意義な生涯を送ることができるというのでもわかることである。古来修道生活では「メメント・モリ」（自分が死ぬことを忘れるな）という言葉が合い言葉であった。月日はあっという間に立ち去る。一日一日を大切に生きるべきなのは誰にでもあてはまることである。

さて、死とか愛とか言う場合、修道生活と結婚生活には共通する部分が多くあることに気がつく。修道生活というと、結婚と真逆なものだと考える人がいる。また「人間はすべて結婚すべきなので修道生活などは反対だ」と言う人もいる。他方でカトリック教会では、長い間修道生活が結婚生活より優るように言われていた。しかし結婚と修道生活は両方とも信仰を中心とした生き方となりうるし、どちらが上というわけではない。ロヨラのイグナチオもどちらの方がよいから選ぶのではなく、本人の自由意志と霊的識別の対象として自分が神のみ旨を行うためによりよい方法を選ぶように教えている。

信仰者に求められているのはそれぞれの生活様式において、神からの召出しを忠実に生きることである。結婚も修道生活もどちらにも属さない独身者も、それぞれの生き方の根底にある共通点を意識することによってよりよい生涯を歩むことができるであろう。

信者の生活のだれにでもあてはまる三つの柱が「信仰」と「希望」と「愛」であることはカトリックでもプロテスタントでも認められている。それらが成長するようにいつも祈っている。一般者の生活から遠いように見える修道者も、信仰と希望と愛を生きている。それは彼ら特有の「従順、清貧、貞潔」という三誓願を守ることによってである。筆者が修道生活に入り、二年間の修練の生活に入ったときに繰り返し修練長（故ミゲル・メンディサバル神父）から直接聞かされた説明であり、忘れがたいことなので、他のところで少々言及した覚えはあるものの、今いちど紹介させてもらいたい。

「信仰」について見れば、信仰の根本は相手を信じ、自己の思いをわきに置くことである。修道生活では「従順」の誓願を守り、上長を信じること、上長に神の意思があることを信じて、それに無条件に従うことである。身近な人を信じたことのない人は神を信じることはできない。神を信じて人を信じることができないのでは不完全な信仰である。修道生活における「信仰」はとくに自分の父がわりである修道院長、管区長を信じて、その指示するところに絶対に服従するのである。いやいやでなく喜んで従うのである。私に不利なことを言ってくる可能性は十分にある。だからこそ自分の見方や意思をわきにおいて従うことは大事なのである。神は私に都合の良いことばかりを用意してくれはしない。神はそのみ旨が実現するために私を用いられ、その上長を通して語りかけるのである。私の趣向と希望に合わないと言って従わないならば、その修道者は「信仰」を持っているとは言えない。

これは、結婚生活にも応用できることと思う。つまり結婚相手を心から信じることがあってこそ、二人の生活が神のみ旨が行われるのである。「実際の生活はそんなに甘くない」と言われるかもしれない。しかし、相手を信じず、自分の思い通りを相手に求めるとすれば、そこには信仰を中心とした家庭は築かれないのではないだろうか。相手を信じることがどれだけ自分と相手を変容させる力となっているか、逆に信じないままでいるといつまでも解決の糸口がつかめないのは人生の経験上理解できることではないだろうか。この意味で信仰には勇気が必要である。

「希望」について言えば、修道者にとっては私有財産を捨て、共同体から支給されるもので満足する「清貧」の誓願に関連する。生活のために必要ならば神が与えてくれるということである。たとえ証しや宣教という第一義的なことを遂行するために必要なことのように見えてもその不足を耐えることである。パウロを思い出したい。彼は宣教のために不便だから「トゲ」を取り除いてくれるように祈ったが「お前に恵みは十分である」と神は答えた。不便をこそ用いる神がおられるのである。結婚生活においては、より便利な生活を送るために、あれこれお金やいろいろ必要があるであろうが、ある程度のところで「足りる」ことを知るべきだと思う。どこで足りるとするか、それが本人と夫婦の識別が試される。より便利なもの、より快適を求め続けて働き続けると、結局は何も得ることができなくなってしまう。

筆者がイタリアの地方都市の教会に滞在していたとき、信徒たちがごく少量のもので満足し、そのなかで生活をエンジョイするのを見たときは感心した。たとえば、手紙を送るために封筒を買う時も一枚、二枚とバラで文具屋から購入するのであった。食事もできるだけ手製の家庭料理であり、時間はかかるが、食卓の用意をしながらおしゃべりを楽しんでいた。より豊かな生活を夢見て働き詰めで余裕のない日本人に比べて必要なかぎり適度に働いて、余暇を家族とともに過ごすイタリア庶民には感服したものである。

「愛」は修道者にとっては、生涯独身かつ純粋な愛を誓う貞潔の誓願に関連する。愛はすでに述べられたように、一方的なこともあり、犠牲的なこともあり、また同時に相互的なものでもある。それらが単に義務的に行われているならば、それは「愛」ではないだろう。

「喜んで」愛するものでなくてはならない。一方的であるとしても、また相互的であるにしても、その喜びがまず自分が基礎となっているのだから、それは相手がどんなに欠点があっても、どんな境遇であっても、自分の心の持ちようで決まるからである。そこには他の人が自分よりより愛され尊敬されていても、それは神が用い、自分をも用いてくださっているのだと満足するのである。嫉妬はどの生活にも意識して避け、愛の不足として自省しなくてはならないものである。

修道生活において修友を自分で選ぶことはできない。天から与えられた「兄弟姉妹」である。身近な彼らをどう受け入れ、理解し、神からの使命を遂行するために、どう一緒に働くかが修道者に問われている。結婚生活においても同様ではないだろうか。結婚前にすでに相手をすべて知っていて相手を受け入れるのではない。この相手と一生共に生き、さらに理解を深め、自分を磨いていくために相手と共同生活を営むのである。それゆえ、自分たちが相互を選んだとしても、実は神が二人を結びつけられたと理解すべきである。まずどう相手に仕え、二人に与えられた神からの使命をどう二人で、家族一同で果たしていくかが問われている。修道家族も結婚の家族も、構成員のそれぞれが異なっているとしても、神から備えられたものである。

愛を中心にした結婚、修道生活を考えるとき、その要（かなめ）が自分であることを考えるとき、人生のどの場であれ、どの機会であれ、そここそ、自分が成長するための修行の場であることを再確認する。シスター渡辺和子のベストセラー『置かれた場所で咲きなさい』はどの生活にあっても、自分が瞬間瞬間に問われており、それはキリスト教信者であるかないかに関わらない。

最近の結婚についての話題は、結婚を希望しない人（いわゆる「嫌婚派」）がかなり増加していることである。『アエラ』（二〇一五年六月二二日号）に基づいてヤフーニュース（二〇一五年九月十五日）は水無田気流、はあちゅう、田中俊之の三氏の対談を紹介している。嫌婚派は特に理由もなく結婚していない人が多く、何も考えなければ結婚しないという状況、つまり頑張らないと結婚できない、というふうになっており、彼らのいちばん大切にしたいものは「趣味」らしい。彼らの分析によれば、趣味や仕事は成果が見えやすいから面白いので、恋愛のような成果が努力に比して見えにくいものはコストパフォーマンスが悪すぎる、と考えているのではないかということである。とはいえ、他方で結婚する人は、「大恋愛の末に結婚して、『一生守ります』と誓いをかわし、一生続くほどの大恋愛をしたのだという見栄のようなもの」があるのではないかと分析し、「自由や成長という犠牲を払ってまで結婚するのだと考えたら、結婚相手に求める理想が高くなるのは当然ですよね」という感想を述べている。なるほどこうして自分の趣味を大事にし、相手に対しては理想的要求が高くなってきた結果なのだろうか。もしそれだけが理由ならば、なんとか人生観の修正も必要ではないかと想像される。

このような今日の風潮のなかで、本稿で扱ったような議論がどのようにいわゆる結婚年齢の人にインパクトを与えるだろうか。いずれにしてもそれぞれが人生が短いということを十分に意識しながら、結婚というテーマを時間をかけてひとりで、あるいは二人で考えてほしいものである。

祈りつつ歩む

最後にあるカトリック女性信徒（Yさん）が自分の二十五年の結婚生活を想起しながら、さりげなく結婚について記した言葉を引用させてもらいたい。

「結婚というよりも、結婚生活がうまくいかないという悩みをよく相談されます。でも、それは理想を追っていることが多いし、自分が描いている幸せな結婚生活を押しすぎていることがほとんど。結婚の醍醐味は、日々の生活でお互いに人間の魅力を高め合い、それぞれの人生を全うするための、一番のサポーターになること。だから、無理はよくない。条件よりも、相手の存在が、自分自身をあるがままに保つことができるかで選んでほしい。

二千年以上の歴史を持つ教会の結婚観は、しっかり講座に受け継がれ、人間力を磨くための導きに満ちています。ひとりの人として、尊厳を持って生き合い、サポーターとなり、その余裕を社会に、向けます。

虐待の問題、差別の問題、孤独の問題……それは、一番初めの小さな社会、夫婦が受け取り合わなくては、うまくいかない。学校や行政ではまかなえないことがたくさんあります。小さな単位が仕合わせになる意識を持たなければ、この社会はなにを頼りに希望を持てるのだろう。

日本民族の歴史には、犠牲的親子関係が社会の助けに貢献してきました。孤児でも親方となってくれる人がいた。成長過程での不安は、子供会や青年会、婦人会がフォローしてきた。結婚していなくても、特性を認めてくれる仲間になってくれた。しかも、ものごとは常にパーフェクトじゃない、自分を見れば欠けだらけ、失敗ばかり、完全なる欲求を満たしてくれるものなんてないのに、この関係を疎んだ結果、この国は孤独が広がっていないだろうか。

まだまだ教会の中にはひとりのための代父母や、結婚を選んだカップルのための結婚ヘルパーという関わりがあって、どんなに世の中が変わろうと、受け継がれているので、この文化はほんと、大切に守りたい。

二十五年前に結婚講座を半年間、毎週通った経験は、いまでは財産。これからは、若いカップルの応援者になっていきたいと思います。今までの経験を慈しみながら。新たなチャレンジ、夫以外の人に、全身全霊で希望を一緒に持ち合っていくのですから、惜しみなくいのちを遣っていかれるように、祈っていこっと。思い向けくださるかた、どうぞ私のためにお祈りください。」

この味わい深い省察は二十五年の結婚生活のなかで熟成してきたものだと思う。神と人と自分に忠実に生きてきた人の言葉であるし、結婚生活以外の道を選んだ人にも共通する謙遜な思索であり、また謙遜な生き方であると思う。

どこに向かって歩むのか

林　尚志

人がますます人間として進化・成熟していく変化は、他者（人格）との出会い、出来事（自然との関わりを含め）との出合いによってのようです。しかもその人、出来事の中の芯に、愛と言われる影響力が秘められている時です。人は愛されて成長・成熟し、愛して成長・成熟するのでしょう。「愛の人」がこの人生の成し遂げの達成点のようです。

全ての存在は唯一であり、その唯一と唯一の存在には間がありります。言わば間柄というか、間性と言うか。愛と呼ぶ、間性のあり方は多種多様な在り様で、唯一で固有な表現を示しています。

ほとんどは言葉化されず、行い・行動を形作って存在と存在を生かし合うのです。その間性に迫るのは、あまりにも多様な切り口があり、それは生活の中に、人生の中に散りばめられた宝です。だらだらした状況描写と思わないで出来事や出会いを追い、その中に入って行く時に出会う不思議な神秘が露呈しています。概念的に何か理論的に表現しようとすると神秘は遠のきます。「愛は言葉より行い」という先人の表現は真実ですね。以下に、思いつくまま幾つかの、そこを深めると愛の深みに触れそうな話を述べさせて下さい。

1. いのちのために命を分ける愛

あの戦争が無かったら――。この悔恨の極みの言葉を共有する人々は、世界中で歴史を貫いて、無数にその人生を生きて行きました。私と言えば、一九四五年敗戦後、疎開先の新潟県西頸城郡名立から焼野原の東京へ帰って来ました。未だ國民学校五年生でした。それから何年間か、ひもじさの記憶が八十歳の身体に未だに食い込んで離れません。食べ物に関して、意地汚い人間だったと人生を振り返ります。今でも人々と一緒の食卓につくと、瞬時に全ての人のおかずの大きさを比べています。気がつかれない限り大きい方を取るのが、胃腸の調子が良くない時以外の常みたいです。やれやれ、物悲しく、恥ずかしい限りです。

男三人兄弟（次男は帰天）を育てた母親が、どんなにして子どもたちのお腹をそれなりに満たし、成長させたのか不思議です。あの頃の多くの母親がそうで、自分の僅かの着物・洋服を郊外の農家に物々交換して食物を入手していたのです。自分の着るものが無くなり、子どもの学校制服の胸の校章を、荷物で隠して買い物外出をしていたことを忘れません。明治維新前夜、越後村松藩（現在の新潟県五泉）の地下運動正義党に属し、切腹の命で殺された祖父（後に村松七士として名誉回復）と、サミル（朝鮮独立蜂起3・1運動）後、新義州（現在の北朝鮮人民共和国の北西、中国東北部との国境）でやはり殺された父を持つ母の箪笥には、着るものは子どもたちの食べ物に代わって無かったと記憶しています。

そんな家族の小さな二間の家での夕食時、いつものように兄弟喧嘩が始まっていました。「兄ちゃんの方が大きい」「そっちの方が良い」等等、掴み合いが始まるのはしょっちゅうでした。どこまで激しかったかは覚えていませんが、畳が抜けていたり、唐紙に穴が開いていたのは確かです。

そのような時に、台所から声がしてくるのです。「食べ物のことで喧嘩するのならば、お母さんの分を食べなさい！」。もちろん、我先に母親の分を取り合うことは流石にありませんでした。そして、喧嘩は不承不承そこまでなのです。出されたものを、分けられたものを、食べたわけです。

母親は、一度言い出したら引っ込めません、その日の夕食は母親抜きでした。仕方なく残った母親の分は、こどもたちが台所に下げたままです。母親は後で食べるのではないか。

夜便所に起きたりした時、そっと台所を覗きに行ったりしましたが、冷蔵庫の無い時代でしたので、布巾が掛けられていて、手がつけられていませんでした。翌朝家族の朝食の中に切り刻まれて入り、分けられていくわけです。

母親の断食が兄弟喧嘩を止めたのです。どうしてもこの子ども時代のことが忘れられないのです。食べ物を十分に与えられない母親の切ない悲しさと喧嘩へのある種の怒り、「どうして喧嘩するの！」。母親は子どもの平和、仲直りのためなら、自らの食を断つのでしょう。人類の多くが未だに飢餓に苦しみ、さらに生活必要品の欠如に悩んでいます。国境を挟んでの難民キャンプの食糧の貧しさ。その現実に対して食糧が過剰供給されて、破棄されていく国々の現状。その格差は混乱・紛争・難民化流出など、未だに解決されない人類の地球規模の課題と言われます。食物を残し捨てない生活様式が、あるいは自らの無駄に消費する食糧の軽減が、ひいては地球規模の食糧格差と、そこからの争いの収まりに影響を与えるという考え方に、人類全体への愛を夢見たいです。

自給率の低い国々への食糧輸出入を巡る経済的既成の仕組みを変えていく、人間の母親の愛に倣う、経済的変革への世界規模で取り組む次世代の展望に期待しているのです。誰かが言っていました、「余ったものを分けるのでなく、自分にとって必要なものを分けるのです」。この考え方・生き方に平和への道を拓く愛を見つけます。

2. いのちを壊さない、武器を持たない愛

親からの暴力を受けたことなく育ち、それが当たり前の事かと思っていましたが、そうではなく、特に幼少時のＤＶ（家庭内暴力）の傷跡が、負の連鎖としての自分の子どもへの暴力、他者への殺傷沙汰の暴力の原因となりえることは残念で悲しい事ですが、周知のことです。しかし、そんな私も記憶として二回父親から殴られたことがあるのです。

十代の半ばか、経済的に決して豊かではない家庭でしたが、父の道楽がなんと狩漁でした。猟銃がありましたし、猟犬もいました。その頃銃の所有がどんな届け出や許可だったか知りませんが、中学生で親の眼を盗み鳥を撃ちに山林に入ったこともあります。火薬や弾の詰め方は知っていました。そして隠しごとを怒られないように、鉄砲の掃除を手伝っていました。或る日、父の面前で、分解した銃身の筒中を掃除して磨いていました。不注意でしたが銃口が父の方を向いていました。気がつかない早さで立ちあがった父が、いきなり私の頬を一発殴って来ました。「例え空でも、銃口は人に向けるな！」。厳しい叱り声を今でも耳元に覚えています。殴られた痛み等は全く記憶にありませんが、この一言は骨身に沁みました。今でも、テレビや映画であっても、銃口が人に向けられる場面は嫌です。紛争地での銃撃戦で銃

で人を撃つ姿に嫌悪を感じます。防衛にしても攻撃・侵略にしても、銃口の先には人間の父・母から生を受けた神からの「いのち」があるのです。

かつて沖縄が戦場となり、多くの人命が犠牲になったとき、伊江島という島も、島の山形が変わるほどの砲撃を受けた激戦地であったと聞きます。さらに長崎原爆投下後のB29爆撃機がタニアン基地に帰る途中、給油のために当時東洋最大と言われた伊江島空港に一時着陸をした島です。今も基地の島沖縄はいくら本土復帰後四三年、戦後七〇年とは言っても基地の島で、占領の継続状態であることは周知のことです。伊江島は基地を作らせない沖縄の願いが結集する辺野古の反対側の海の島です。

もう何十年も前の話になりますが、伊江島に生協の店舗が作られ、商品が並べられ、そこで水鉄砲が売られた時のことです。水鉄砲が子どもたちの間で売れたそうです。ところが、伊江島の戦後の母親や女性たちは、考え、話し合い、発言したそうです。「沖縄戦の時、前からは米軍の銃口。後ろからは天皇の軍隊の銃口に挟まれて苦悶した私たちが、例え玩具でも、銃口を人に向けさせて良いのか！」と。そして商品を店頭から撤去したそうです。この歴史を貫く伝言も忘れることができません。

最近の中近東での武装勢力同士の戦いで、自分の息子を殺した相手が掴まり、リンチを受けるような状況で、仇を取るように眼前に連れて来られた時、その母親は怒りと涙の内に、一発女手で殴りつけ、「あんたの母親を私と同じ苦しみと悲しみの底には落としたくない」と傷つけたり殺したりの報復をしなかったとのことです。真偽の細部は不明ですが、母親から生まれた男たちよ、殺し合うことを母親の愛の中で止めよ！　と叫びたいです。

「銃口を人に向けない」。多くの銃が不要なものとなる日がきっと来る希望が、人類の叡智と愛の彼方に待っています。

この沖縄を含む日本は昨年迄、曲がりなりにも「武器輸出禁止三原則法」があり、人に銃口を向けること阻止する平和憲法に基づく国の有り方が世界に希望を与えていました。ところが二〇一四年四月一日、エイプリル・フールの日、「防衛装備移転法」が安倍第二次内閣によって法制化され、武器を輸出する国に変わってしまいました。国の骨組みが崩壊してしまったのです。

経団連の武器輸出禁止を緩和せよ、という経済優先の考え方と有り方がこの国の骨組を折ってしまいました。防衛装備＝武器、移転＝輸出、言葉のすり替えのような手法で、多くの人々は、無関心もあってか、根本的国の有り方の変化に、それほど敏感に力を入れて反応しませんでした。メディアも事の重大さにもかかわらず、その責務から逃亡していたのです。

いのちへの尊敬と愛が崩れ去った、と言ったら大袈裟なのでしょうか。早速、待ってましたとばかり、パリ国際武器見本市に日本製の武器が陳列され、日本の軍事産業は世界市場に参入し「死の商人」と化したのです。今や銃口は人に向けられるようになったのです。そして非情な市場経済の仕組みの中に絡めとられてしまいました。もう一度、武器輸出禁止をする国に、私たちの生き方は戻ることができるのでしょうか。父親の声も、伊江島の人々の行動も、一気に遠のいていってしまいました。申し訳なく、慙愧に堪えません。

3. 苦境のいのちを支え寄り添う愛

不注意で傾斜を滑り落ちて、コンクリートの壁に強く打ちつけて動けなくなったことがあります。何とか助けを得て呼べた救急車がやっと着いて、救急隊員が、「傷口を見ないように」と言ってくれる前に、鈍い薄銀色をした向う脛の骨をちらっと見て、裂けた皮膚を合わせ押さえ、出血を抑えていました。病院に到着して、すぐ破傷風予防の注射を打たれ、束子で洗われたような、乱暴な感じのする痛い洗浄を覚えています。縫合手術が終わった時は麻酔が効いて、痛みをあまり感じず、看護師さんと言い合っていました。その日の予定の出張に出かけたいと希望したからです。結局担当外科医師の条件付き許可のもと、出張に新幹線で出向きました。その夜麻酔が解けたら、脚を火の中に突っ込んで燃えている感じでした。

翌日、車椅子で講義をなんとか終えて、二人の職員方に姫路駅まで送られて下関まで辿り着きました。さて、荷物引きずって階段を下りることは、想像していたより困難でした。終着駅ですから、意外と多くの人が下車していました。手すりに掴まりながら、一段一段荷物をごっとんごっとん引きずり下りたのですが。僅かな期待は、誰か手を貸してくれるかなという思いでした。

たまたまそうだったのか、若い人々、学生さんたちはお互いに話すことが沢山あって、こちらは視野に入りません。大人は視野に入っているのでしょうが、考えごとが多いのか、焦点は定まらず見ていないと同じです。皆階段を下って行ってしまった後に、乗務員さんが帽子を被りかばんを持って、横を通りながら眼に入った私に帽子をとってお辞儀をしました。そして一言すみません、と言われたように聞こえました。勝手に解釈すると、「お気の毒です、下りのエスカレーターも無く、私も乗務終わりで決めごとを果たさないとならないので失礼します」と言っているようでした。彼が階段を下りて行くと私一人になり、ごっとんごっとんと荷物を階段に落として、痛みの酷い足をゆっくり下ろしていくわけです。

ところがですよ、階段の下の方に人影です。年は分かりませんが中年と言えば良いか、ちょっと地味な服装の女性が（おばさん）が、じっと見つめてから、上って来ました。そして「かしんさい！」（かしなさい）と言って荷物を取り、下に運んでくれたのです。大丈夫です、と言ったものの言葉に甘えました。と言うより持って行かれてしまいました。さらに途中の広場で待っていられたので、もう大丈夫ですと荷物を受け取りましたが、階段はさらに続いていました。時間を置いて再びその階段をごっとんごっとんと降り出すと、改札口の所でわざわざ待ち、こちらの様子を見ていられたその方が、再び駆け上がってきて「かしんさい！」と引ったくるように取り上げ、改札口まで運び、「これからは平らだから大丈夫だろうね。誰か迎かいに来ているのかね?」と心配されます。タクシーで帰りますからとお礼を言いますと、その女性は直ぐ人ごみに消えて行かれました。

夜、痛む脚を高く上げてロザリオの祈りをしていますと、涙が流れて止まりません。「かしんさい！」のおばさんへの有り難しの思いが溢れてくるのです。以後、改札口やその階段を降りる時には、必ずと言って間違いないように、「かしんさい！」の声が聞こえ、眼はおばさんの人影を探しています。いつかお会いできるかな? と思ったりして。

平凡な出来事です。新約聖書の「良きサマリア人」の話（福音）以来、愛することの具体的表現として、困窮下にある隣人を助けることは、愛の学校の基本コースの習いごとです。でも、日常生活でも社会的にでも国際的にでもなかなかできずに、二一世紀も一五年間過ぎて行きます。

個々人の人生もそれこそ「光陰矢のごとし」です。そして、人生において取り返しのつかない痛手を人に負わせたこともありましょう。傷を負ったことよりも、傷を負わせたことの方が厳しく辛い人生となります。人々は人に言えない深い傷を受けて人生路を脚を引きずり、重荷に喘ぎます。医学的治療や薬も助けになりますが、有能な人も人格者も有名人も、このような深手を負った人を癒すことは難しい、できるものなら代わってあげたいと思うこともあるでしょう。

「労苦して重荷を背負う人は私のもとに来なさい。私があなたを回復させますよ」。よく知られた聖書の言葉ですが、どこか「かしんさい！」の響きと重なります。その傷と重荷、私も共有しましょう。全部背負えずとも少しは引き受けますよ。不思議な愛の染み込んだ行為が予期しないのに近づいてくるものです。そのような愛に感謝しますし、絶望や諦めが少しずつ遠のくように感じます。有り難いことです。

話が戻りますが、救急車で総合病院へ搬送され、救急非常口から救急手術台に運ばれた時ですが、まず、破傷風のワクチンが打たれたことは述べました。その頃、インドネシア・スマトラ島などで津波が海岸の家屋、人々を流し呑みこんでいくテレビ画像をみて、暑い地方の子どもたちの体が多くの傷を受けるだろうし、その傷口からの破傷風の感染が危ぶまれると思いました。報道は子どもたちのための破傷風のワクチンが絶対的に不足していると報じていました。自分には簡単に与えられたワクチンを医療器具・艦船・航空機なども豊かに持つ先進国が敏速に大量のワクチンと共に送り込んで欲しいと単純に願いました。

それこそグローバルな視野で、地球のどこでも子どもたちの災害に、あらゆる人々の災害・困窮の現場に、人類の叡智と富の先進性が素早く動けるように、国境・国策・自国の利を越えて動けるように人類が進化してほしいです。国際救援部隊。国境なき医師団、アムダ（ＡＭＤＡ：岡山市に本部を置くＮＧＯ国際医療ボランティア組織等）等、引き続きさまざまな救援組織が動きますが、軍事行動の力量と速度に比べればまだまだです。助けを必要とするところへの地球規模の素早い「かしんさい！」への可能性の実現こそ、愛の正念場と思います。

４．愛の欠如への苦言

①「別館の人たちには愛が無い。神父になるならそういう人にならないで欲しい」。別館とは修道院です。中高学校教育を働きとする修道会が経営母体の中学での二年間の短期間教師実習が終わり、司祭になるために次の修学課程に進む前の社会生活体験期間の休み時間での出来事でした。職員室から離れた処に先輩の先生に呼び出されて一喝！　の時でありました。私も別館の人々の中の若い一人でした。内容は以下です。

私の担当学年の生徒の一人が、事情は忘れましたが下宿（通学不可能な遠方から住所を移しての入学生徒）から出なければならず、緊急で次の下宿探しをしていたそうです。学校敷地内の「別館」に住み、登校下校を生徒と共にしていない教師は、生徒や友人・保護者からの情報が無いとすぐには学校外での生活状況は分かりません。急なことで連絡もできなかったかも知れないし、そこまでしないでもすぐに解決すると思ったのかも知れません。

その先生が言うには、その生徒の保護者は遠くに住み、事情もあってすぐには来れない、友達たちも探しているし、自分も授業の無い時間には探しに出ているし、放課後も探している。昨夜は子どもが熱を出し看病で寝られなかったが、今日も空いている時間は下宿探しですと。私のように授業数も少なく、家庭を持たない別館の人たちには愛が無い！　と厳しい。どうしてその生徒のことが別館の人々の耳に入ってこなかったのか、今もって定かでないのですが、誰も心配していなかったし、力をかしていなかったことは事実で弁解の仕様もないのです。愛が無い。別館の人と言われていたが、私に対して「あんたには愛が無い」と言われていたのは明らかで、今も半世紀経っても忘れません。その先生は数年前に帰天されましたが。教えて頂いて、深く深く有り難うございました。

②歌劇を観ませんか、招待ティケット上げますよとの誘いに、正直なところ少したじろぎました。少年時代に一度、どうしたことか、母と宝塚雪組と記憶する舞台を見に行き、七〇

年経っても未だ脳裏に焼き付いている華やかさと歌の歌詞の一言、メロディーが繰り返されるほどの強烈な感動でした。今回誘った人は劇中の重要人物を演じる俳優の父親で友人でした。面白いことには、自分の息子が大学出て演劇の道に入り込んだ時には、勘当ものと嘆き怒っていた親父さんでしたのに。当たり前の話ですが、息子さんが苦労を重ねてその道で、何とか夢を持って表舞台に出ることができた時は、御父さん、応援団の団長になっているのですから、やはり親は有り難いものです。

劇はロミオとジュリエット、観劇がなんとなく気恥ずかしいのは、どうしたものでしょう。とにかく、博多座という劇場に初めて出向きました。そこでさまざまな学びを経験して、友人である俳優の父親の招待に感謝した次第でした。何しろこのような観劇は初めてのことでして、昼食休憩時に立派な弁当の配布されること等知らず、お腹いっぱいになるように入場前にそばを食べて行きました。したがってその弁当をどうしようかと迷い、そうだ、持ち帰り職場のスタッフへおみやげに、と思いました。

劇場から出る時、なんとなく生活が違うと感じる人々からひとり離れて、外・道路へと階段を軽く駆け下りていた時、道路をぼろ自転車に乗り僅かの段ボール板を積んだ、いわゆる「おっちゃん」（路上生活者の呼称？）がこちらに向かって来ました。咄嗟に、そうだこの弁当を上げようと思いました。目の前に来た時に「この弁当を食べて下さいな」と話しかけ手渡ししようとすると、自転車を止めてこちらを見た彼は「冷たい目で人を見るな！」。一喝です。「えっ？」。自分に言われたと思わない私は後ろを振り向き、誰が冷たい目をしているのかと探していました。もちろん誰もいなく、彼は私に言ったのです。

どうして、良い弁当を上げようとしたのに？　しかし、私は自分に不要な、余り物の食べ物を一段高い階段から、いきなり言ったのでした。正に上から目線で、何の挨拶コミュニケーション無しに、自分勝手に恵みをもたらす心温かい人を演じて、一方的に想像して食べるものも無いホームレスの人に食べ物を、と。慈善行為をする心温かい人に成り上がっていたのでしょう。しかし、彼からしたら、なんと自分本位な傲慢な失礼な奴に見えたのでしょう。こいつ、人のことを考えない自分勝手な、自己満足の心底から冷たい奴なのでしょうね。あえて人と呼ばず奴と書きました。未だ人に成りきっていない人間進化途上動物みたいなものです。

ふと、福島の原発惨事以降も、原発を海外へ売り歩くことが、相手国の環境も人々の未来も考えない、自分勝手な恐ろしい行動とは分からない現政権の冷たさを連想します。自分の国の人々の未来を考え切らないのですから、当たり前でしょう。しかしそれにしても愛の無い国家のリーダーたちを、主権者の国民が選出したものです。

電力会社の株式総会で原発促進政策に賛成して、株からの利益配当増加を希望するという株主が多数決で閉会して、財政的利益配当弁当を配ることを約束させる、冷たい目を感じて鳥肌が立つ思いです。愛の無い不毛の地の広がりが、ますます広がって行くように感じます。

③「僕は先生を見ていたけど、先生は僕を見ていなかった」。このように言われた時に、足元がぐらっときた感じでした。たった二年間の教職人生を終えて次のステップへと進み、生徒と別れて三五年位過ぎてのことでした。教え子に案内されて彼の知り合いのスナックに行きました。先客のやはり教え子を交えて話は弾みましたが、近くに同級生がいるので呼びましょうかと提案され、教え子が多く集まってくれることに、気を良くして、呼べよと言うことになりました。

呼び出した友人に会いたかったのか、珍しい昔の先生に会ってみたかったか。夜なのにそれなりの時間が経って来店したのです。医師で多忙な日だったたようです。「おおっ、久し振りだね、……そうだ君はバスケだったね」（バスケ＝バスケット部）。先生は昔のこと、君のことを良く覚えているよ！　というつもりだったのでしょうね。

「違います。僕は野球部でした」。慌てた私は、「ああ、そうだったね。○○先生の野球部ね」。失地挽回的七十代元教師でした。その時でした。文頭の「僕を見ていなかった！」発言でした。なぜ、ぐらっと来たのでしょうか。四十年位前のことの記憶は弱まり、間違えることもあるのですが、恐らく私の心のエネルギーの生徒たちへの流れに、人によっての差があったのでしょう。どのような生徒を見ていたのでしょうか。全員を見ていましたが、心から流れ出るものに差を感じさせたのでしょう。好き嫌いとか、依怙贔屓的なレベルでないとしても、または能力がある・ないとか、家庭とか保護者の社会的位置とか、その生徒の背景への差別的判断か、どんな内的基準と評価が自分から流れ出るエネルギー＝愛に、ばらつきを生じさせていたのでしょうか。多分、生徒一人ひとりの唯一性より、能力・性格・雰囲気・タイプの好み・背景等等さまざまな要素が、生徒に向ける心の具体的関わりに差別的状況を作りだしていたのでしょう。そして生徒側からの（ありのままの自分を）見てくれ、という要望発信は受け止めていなかったわけです。その人の深みにある、その人だけの唯一の尊厳への敬愛とか、かけがいのない君への愛が欠けていたのですね。その夜は、そのきびしい一言はどこかに吸い込まれて、愉快な交流であったと思います。人の存在の唯一性に敬意をもって向き合う。大切にし貫く心のエネルギーの行く手を確かめなければなりません。

5.「明日の地裁の傍聴に行ってもらえませんか」

夜遅い電話で頼みごとが入りました。遅い電話取らなければ良かったのに、とも思いましたが。翌日の予定を見ると、ぎりぎり行けないことはありません。何しろ、地裁は車で一〇分もかからないところなのですから。中国人が不法な物資を運び込み日本人に渡した。その物資が何であるかも知らなかったという船長の裁判なのでした。電話の主の頼みは、「問題は中国語の適切な通訳がついていない、自分は中国語を通訳をできるが、今回は別件の通訳の仕事でその法廷まで手が回らない、とにかく傍聴して様子を見て下さい」ということなのです。

言われるままに傍聴しに行くと、私一人の傍聴者。通訳なのか、弁護士なのか分からない人がいたけど、ほとんど日本語で中国語に訳されたのかどうかも分からない。裁かれている中国人は無言の背中しか見えず、でした。お粗末な裁判だと思いました。よく見ると傍聴席にもう二人、隅の方にいましたが、閉廷と同時にいなくなりました。その中国人は退廷の時、傍聴席の人の気配に気づいたのか、こちらを見て深々とお辞儀をして行きました。傍聴を勧めた友人は、日本の司法が欧米系の人の裁判とアジア系や他の国の人々の訴訟における通訳への配慮が低く、通訳者が誰の通訳をするかで、差別を感じるというのです。国籍にかかわらず全ての人の同等な人権の尊厳への対応がそこには全く見えませんでした。改善されていればいいのですが。自分の人生がどのように異国で扱われているのか、大変な不安であったでしょう。自分がその立場だったらとんでもないことです。

先日、「移住労働者に連帯する全国フォーラム」が北九州市折尾の九州朝鮮中高級学校の場を借りて開かれました。全国から外国人移住者との関わりの中で、外国籍の移住者特に労働者が直面する課題を明らかにして、この国に生きる人々が国籍を越えて、異文化を共有し共生して新しい人間の生き方を求めようとする、困難ではあっても希望を深め高める集いでありました。日本で働く労働者の人権がずたずたにされ、社会の根底を支える労働者のいのちの尊厳と豊かさが潰されていくとき、研修生・実習生等として労働法の下の人権擁護から外され、時には不法滞在に追い込まれても安い労働力提供者として、移民政策にまでなっていく現行の動向を察知し、広く知らせる必要を痛感するのです。

特に、日本の原発政策は人口減少の現状の中で労働力、特に原発関連労働力を、外国からの労働者に求めるに違いないと思うのです。例え、現行の国策を変えて全原発を廃炉にしても、人間の予測をはるかに越える原発関連労働者の需要は自明のことです。ましてや再稼働政策に転換して、福島の原発の廃炉処理や廃棄物の処理、計り知れない汚染地域の引き続く除染労働を含め、ロボットや日本人労働者では無理なのですが、それを表に出して討議しようとはしていません。今までもエネルギーの転換期には炭鉱労働者のように正に棄民政策が取られます。従来の原発労働者の被曝被害が司法的にもどのように扱われるのかを見る時、棄民化と言わざるを得ません。

また、北九州の元筑豊炭鉱地帯に秘かに草葉の陰に葬られている朝鮮半島からの炭鉱労働者たちの地中から望郷の叫びを聴くとき、富国強兵政策の日本からの棄民とみるのです。

その九州でのことですが、或る日電話で中国人の研修生七名を匿ってくれませんか、と言う緊急要請がありました。労働条件の極悪さと人権侵害の抑圧の監禁的状況から脱出した中国人女性たちだそうでした。当時残念ながら受け入れる状況に無かったので、受け入れてくれる人と場所を探しました。色々探された後なので、そう簡単に見つかるものではなく、今後のことを考えると、そのような外国人労働者のシェルターとその全国的なネットワークが必要だし、既に存在して活動していると思います。

ふと思い当たった人と場所があったので早速電話をしました。と言っても人を介してでした。返事が直接返ってきて、受け入れ期間はどのくらいかとのことでした。数週間かな、気安く返事をしました。当人（Tさん）は施設預けで週末に家に帰る重度の障がい児の母親、さらに夫は倒れた後の麻痺を抱えてのリハビリ中でした。以前病身で行き場を失った老外国人宣教師を受け入れ介護をされたこともあり、私は家族・人柄・環境を少しは知っていたし、中国人たちの支援グループや人と親しかったので、思い切って受け入れをお願いしたわけです。

たいぶ苦労されたようでした。何か月目には、助け船を求めるようなこともありましたが、私もあっぷあっぷで正に口先的のよろしくお願いします、でした。ユニオン労組はじめ市民グループ、地域、教会等様々な人々、何より中国人の若い母親労働者たちが中国に残して働きに来た子どもたちと家族への愛が、さまざまな異国での困難を耐えさせたのでしょう。しかし、違法に外国人を働かせた雇用主側や警察・司法・外務省関係等に対し、支援側を含めて並々ならぬご苦労をTさんはされました。そして、電話が問題の解決を告げてきました。さらに、驚いたことにはTさん夫妻が招かれて問題解決して帰国する労働者の若いお母さんたちと中国訪問に出かけるというのです。交代勤務で福祉施設に働くTさんと、リハビリ中の夫二人でハンディのある息子残して、本当に行けるのと疑問を投げかけました。すると、中国人お母さん労働者たちの家族たちが、日本で長い間お世話になった「日本のお父さんお母さん」と一緒に帰国しないなら、帰って来るなと言われているから、一緒に訪問して来ますとのこと。事情を良く分かり信頼できる人が息子も預かってくれるし、旦那も中国でリハビリするし、と夜勤明けに車で下関港に来て、皆と同じフェリーで行ってしまいました。大歓迎されて短い滞在でしたが、喜び一杯で帰って来られました。

この話を聞いて涙が出るほど嬉しいでした。嫌韓・嫌中という本が店頭に山積され、中国との関係が特に歴史認識・領土問題を巡り硬直化が進み、だから憲法改定・軍備拡大・政権による国民主権を踏み越える法案強行採決の暗闇の迫る時、国際政治（international）よりも民際政治（interpeople）の地平を展望させる良い話だと思いました。草の根外交という表現がありましたが、若い世代から、言語・歴史・文化の相互理解・相互敬愛を広げ深めて、国境を国家を越えた愛の結びつきを樹立していきたいものです。

人種、民族、宗教、言語、所属国、文化圏等さまざまな違いにも関わらず、相互の受け入れ尊敬、分かち合いの正義、協働・共生の愛に到達するのに、人類はあとどの位かかるのでしょうか？　違いを越えて共生していく状況を、命をかけて黒人の公民権の約束の地を目指した、あのマーティン・ルーサー・キング牧師のごとく、「I have a dream」（私は夢がある）と差別の無い愛の深い世界を目指したいです。

6. いのちを捧げて間に立つ愛

どうして飛び出して行ったりしたのでしょうか？　自分が間に立てば状況が変えられると思ったのでしょうか？　司祭であり、インドネシア人である自分が、インドネシア国軍とその支配下の民兵組織と、教会施設内に追い込まれ逃げ込んでいる東ティモール・スアイの人々の間に立てば、話をすれば、虐殺されようとしている民衆を救うことができると願った上での行動だったのでしょうか。教会堂に閉じ込められた難民が焼き討ち虐殺にされた、未だ周囲に焦げ臭さが漂う東ティモール・スアイに、オーストリア経由で国連軍のヘリに何とか乗せてもらい現地入りしたのは、もうスアイの虐殺から二か月以上経っていました。電気の無い暗さの中で、救援に駆けつけていたフィリピンからの司祭と夜遅くまで話し込んでいました。「怖くないか？　多くの人々が殺された現場に夜こうやっているのは」と聞かれました。別に怖くはないが、悲しいと答えたような気がします。

もう一六年前の話です。一九九九年八月三〇日、国連監視の下でのインドネシアに帰属するか独立するかを決める住民投票が、一八歳以上の東ティモール人によってなされ、独立が圧倒的に選択されたのです。敗退する国軍はその支配下の民兵組織を用いて、殺戮・焼き討ち・略奪等の悪行の限りを行ったのです。首都ディリから西南部に離れて遠く、西ティモール国境に近いスアイ、民兵に占領され住民は難民化して教会施設等に逃げ込んでいましたが、限界状況に近かったと当時聞いています。

カトリック・イエズス会のタルチシオ・ディワント神父は、司祭叙階が一か月前、三三歳の司祭として若く、ジャワ人でした。東ティモール派遣後、以前彼の習得した現地語テトン語のジャワ訛りを直すためと誰かが言っていましたが。当時、緊迫のスアイへと送られたのは、インドネシア人である彼が、インドネシア国軍の下の民兵組織と難民化した住民との間の対峙緊張に、何らかの緩和壁になるかもとの政策的理由があったと推定されてもおかしくありません。当初予定された住民投票は二度延期されていました。二度目予定日の八月二二日には、私は投票に行ったら殺すと住民と司祭が脅かされていた高地レテ・ホホへ、そうはさせないと向こう見ずにも行かなかったら、彼がスアイに送られたトラックで同行していたかも知れません。

ディワント神父は間に立てると思ったのでしょうか。大の子ども好きであった彼は、彼の白い司祭服に隠れようとする小さな子どもたちの安全を交渉しようと思ったのでしょうか。とにかく、心のどこかで「間に立とう」としたのでしょう。

司祭職は pontifex（司教）からきて、pons（橋）facere（作る）をも意味します。間に橋となって対話を、踏まれながらも通い合いを創ろう、殺し合いでなく相互のいのちを大切にする平和を創ろうと、飛び出したのでしょう。少なくとも、国軍と難民の間の防波堤になろう。当時、東部でも国軍の下で判断を麻痺させる麻薬的なものを呑ませ、教会関係者を殺せという襲撃命令があったので、日本の大学を出たインドネシア人の若者が日本のメディアの現地リポーターとして同行していて、修道士・修道女と共に、殺されていました。デワント神父の最後については当時いろいろな情報を耳にしました。

ジャワでの追悼ミサでは民兵がインドネシア人神父を殺したとして、内戦の犠牲者と、彼の死をメディア操作で利用しようとしたそうですが。新しい真っ白な司祭服を着て、国軍を背後にする民兵と住民（難民）の間に立ち、殺されて、続いて二名の東ティモール人司祭が殺され、教会堂の中の住民が殺戮されたと聞いています。真相はつまびらかには分かりません。七月三一日司祭に叙階されて一月ちょっと、神と人々の間をゆるしと愛で和解をもってつなげ回復する十字架の上の死（成し遂げ）を生きぬいてしまったのです。壮絶な愛の成し遂げには、これ以上言葉がありません。

どんなに悪天の暗い雲が空を覆っていても、いつか必ず、雲間から光が射し始めるように、人類の心の芯に宿り、一人ひとりを生かそうとする「愛するちから」が湧き上がり繋がって広がるでしょう。

上述の幾つかの切り口話も、射し始めの光です。

「格差と排除」の世界から、「分ち合いと受け入れ合い」の新しい地平が展開することを、希望し合い語り合い、現状の中に例え小さな芽生え的行動であろうと、実践していく歩みを怯むことなく続けたいです。

キリシタン時代に伝わった愛、「御大切」

レンゾ・デ・ルカ

ヨーロッパの中世に、トマス・ア・ケンピス（Thomas a Kempis 一三八〇年頃―一四七一年）が『イミタティオ・クリスティ』（『キリストの模倣』）を著したとき、カトリック教会に大きな反響を及ぼした。文字を読める人が限られた当時、一般人にも分かりやすく親しみやすいこの本は、現代でも翻訳と増刷を重ね、聖書に次ぐ時代と国を超えたベストセラーになっている。

宣教師は来日した時に聖書そのものを印刷しなかったが、『イミタティオ・クリスティ』を既に一五九六年に、キリシタン版の『こんてむつすむんぢ』というタイトルで、日本語で印刷した。宣教師たちがまだ日本語に困難を感じ、日本人がキリスト教の用語に困難を感じていたその時代に、『こんてむつすむんぢ』は強力な宣教道具と見なされたに違いない。この本が小さくて分かりやすく、実践的だったからだと考えられる。
当時のヨーロッパより文字が読める人が多かった日本で、『こんてむつすむんぢ』はキリスト教の内容より、その実践を伝える上で親しまれた本になった。要理書も印刷されていたとはいえ、日本でのキリスト教は、それを信じた人々の行動によって伝わったことに注目したい。その行動を見た人々がその教えに興味をもち、そして要理の勉強をし始めた流れが大部分を占めたと言えよう。言い換えれば、キリシタン時代は実践、つまり「隣人愛」こそが宣教の中心だった。なお、キリシタンの間では一般的にほとんど使用されたかったとはいえ、キリシタン版の『小文典』（一六二〇年）に「愛」という言葉が以下のように出ている。

「自らを忘れ、他を愛し、危ふきを救ひ、窮まれるを助け、すべて物に情けを先とし、事に触れて憐れむ心あるを仁と言ふ」（ジョアン・ロドリゲス『日本小文典』“ARTE BREVE DA LINGOA IAPOA” Pe. Ioam Rodrigves Tçuzu, S.J. 日埜博司編訳、新人物往来社、一九九三年、一九六頁）

これを見れば「仁」を説明する例として使われ、現代の使い方に近い意味で用いられていたことが明らかである。同時に、当時のキリシタンたちは「愛」という語彙を使わないでその代わりに「御大切《ご》」という語彙を好んで用いたことは否めない。この大事なことばの使い方の定義づけがどのように行われたか不明だが、宣教師たちより、キリシタン書物の翻訳に関わったパウロ養方（一五〇五年前後—一五九五年）やヴィセンテ法印（一五四〇前後—）のようなイルマンの判断によるものだったと考えられる。当然ながら、「御大切」という語彙はキリシタンたちのみ使用した訳ではないが、ここで現存するキリシタン版に出てくる「御大切」を紹介しながらその内容について考察したい。

三位一体と御大切

キリシタンにとって大事な言葉であるだけに、一六三二年に出されたコリャードの『懺悔録』にも三位一体の御大切が説明されている。

デウス、申した如く、御一体でござれども、その御一体は三つのペルソナス、御親と、御親の御子と、また、御親と御子の互ひの御大切でござる。（大塚光信校注、コリャード『懺悔録』岩波書店、二〇〇九年、二五頁）

神様の交わりという理解しがたい内容を「互いの御大切」として分かりやすく説明されている。「懺悔録」は神父たちしか読まなかったが、大量に印刷して信徒に配ったと思われる『おらしょの翻訳』（一六〇〇年）にも、聖霊について以下の説明がある。

すぴりつさんと〔聖霊〕は御おやと御子よりいで給ふ互ひの御大切にてましまず也。（尾原悟著編『きりしたんのおらしよ』教文館、二〇〇五年、八〇頁）

このように難しい概念も普通に使う言葉を用いることにより、キリシタンの教えとその文化が広まっていった。断言できないが、恐らく現代の私たちが使っている表現より当時の人々に親しみやすく、日本的な感覚で伝わっていたであろう。

イエスの受難と御大切

最初にキリシタン版に現れる「御大切」は、イエスの受難と密接な関係を持っている。例えば、一五九一年の『バレト写本』と呼ばれる書物の「われらが主ゼズ・キリシトの御受難」の項目に、以下の箇所がある。

さる程クルスのもとに御母サンタ・マリヤ御姉妹のマリヤ・クレオヘ、マリヤ・マグダネラたち並びて居給へば　ゼズス御母と御大切に思し召すヂシポロ〔使徒ヨハネ〕を御覧あって　サンタ・マリヤに（如何に女人その身の子を見られよ）と宣ひ、ヂシポロに、汝の母はこれなり、と宣へばそれよりヂシポロ　サンタ・マリヤを御母と崇め申さるるなり。（『キリシタン研究』第七輯、吉川弘文館、昭和三七年、八五頁）

現代の『新共同訳聖書』で「愛する弟子」（ヨハ19・26）と訳されている箇所に『バレト写本』には「御大切」が用いられている。聖書を読んだことがない日本のキリシタンたちにとって印象に残る形で用いられた言葉であり、それ以後イエスの受難とその贖いに関連づけられた。この箇所に「御大切」の説明こそないが、現代人が読んでもその流れから意味は確実に伝わる。まだキリシタン版にカタカナ語が多い時期に、この分かりやすく、なおかつ深い意味を持つ「御大切」は、重要なキーワード的役割を果たしたに違いない。

要理書と御大切

この重要な言葉は要理書にも多く使われていた。『どちりなきりしたん』（一五九一年）に、

まづ我等に対せられての御大切の深く甚だしきほどを知らしめ玉ふを以てでうすを御大切に存ずる事もふかゝらんが為也。（『教理書の変遷史』一三八頁）

現代に「神の愛」と訳される言葉を御大切と訳し、その同じ言葉を使って人間の応答に当てはめることによって人間と神との密接な関わりを見事に分かりやすく説明している。言うまでもなく、このような言葉は文学と神学概念と、両方から見ても通用する。

聖母マリアと御大切

世界のカトリック教会と同様に、日本のキリシタンは聖母マリアに対する信心が深かった。やはり、マリア様について述べる時も「御大切」が用いられた。参考になる例を紹介したい。ロヨラの聖イグナチオの『霊操』に、聖書には記されていない、復活したイエスが聖母マ

リアに現れる場面がある。イエズス会が中心になっていた宣教地だった日本にも、その本の意訳に当たる『スピリツアル修業』（一六〇七年）においてその場面が紹介されている。

第二のポント〔点〕には、甦り給ひてより最初に御母に見え給ふ体を観念せよ。この儀エワンゼリヨ〔福音書〕に見えずと雖も、疑ひなきものなり。その故は父を敬ひ、母の歎きの声を忘るることなかれとの御掟を定め給ふ御方如何でか常にもご大切深く在し、ごパッション〔受難〕の時も御憂ひ深く、ご死去をも諸人に勝れて悲しみ給ふ御母を誰よりも先きに訪れ給ひ、その御心を宥め給はずといふことあるべきや？　陳じ申されしペドロにさへ見え給ふ時は、何時もヒイデス〔信仰〕確かにしてデウスにて在すことをみ言葉に表はし給ひ、余に越え、人に勝れてご大切に燃立ち給ふ御母には如何でか始めに見え給はざらんや？
第三のポントには、御主御母に対しご丁寧を尽し給ふ如く、み弟子たち、そのほかの善人たちにもご大切を顕はし給ふことを観ずべし。（海老沢有道編著『スピリツアル修業』教文館、一九九四年、六九―七〇頁）

ヨーロッパでもまだ広まっていなかった『霊操』が日本で信徒の間に知れ渡っていたこと

を考えれば、日本の教会にはっきりした霊性とアイデンティティがあったと言えよう。換言すれば、日本にイエズス会カラーが強く表れていたことになる。

組と御大切

キリシタン時代に盛んだった信徒組織の一つ、「さんたまりやの御組」の規定にも神の愛に学び隣人愛を御大切の言葉で紹介されている。

デウスの御大切並びにホロシモ〈隣人〉の大切へりくだり堪忍し互いに善をば何ともとむべきや。(『キリシタン研究』第二輯、東洋堂、昭和一九年、一四二頁)

ここで、あえて「御」を付けたり付けなかたりすることで神の愛と人間の愛が区別されているが、同じ源から出ることが十分に伝わっている。

聖体と御大切

キリシタンに欠かせない秘跡との関連でもやはり御大切が出ている。『長崎サカラメンタ提要付録』（一六〇五年）の「ローマのカテキスモ、御聖体のサカラメント〔秘跡〕について」という項目に以下の箇所がある。

その御恩といふは、先づ各々を尊き価を以て受け返し給ひ、各々のアニマを扶け給はんため、御自身死し給ふは言ふに及ばず、各々のアニマの食となりたまひ、このサカラメントを以て並びなき御大切の尊きしるしを世界に残し置き給ふ也。（『キリシタン研究』第一輯、東洋堂、昭和一七年、三七頁）

キリストの最高の証しとしての聖体に対しても同じ語彙が用いられている。

悔い改めと御大切

罪によって乱れる人間と神様との関係を悔い改めによって回復させる赦しの秘跡の説明に

も御大切が用いられる。「こんちりさんの略」に、

しかるにこのこんちりさんといふは、デウスを思い奉るたつしたる御大切より出づる儀なり。御大切、御慈悲の御親にてましますゼススを咎をもて背き奉るしところを、なにより第一に悔やみ悲しむことなり。（尾原悟編『きりしたんの殉教と潜伏』教文館、二〇〇六年、一六八頁）

とあり、本来その神様の愛に応えられなかったことを感じて初めて悔い改めができるという過程の説明がなされている。このように、要理教育と同時に、霊性の指導にもつながる養成が行われていたことが分かる。恐らく当時の日本人は知識としての勉強より、新しい生き方への誘いとしての魅力を感じてキリスト教に入信するに至ったようだ。洗礼の秘跡を説明する『ばうちすものさずかり』にも似た表現が用いられている。

〔悔い改めは〕御大切に存奉るべきデウスを背き奉りたる所を深く悲しむべし。

これに近い表現は様々なキリシタン版に出るので、好評だったと思われる。神学を勉強す

る人々のために書かれた『講義要綱』にも「御大切」が用いられている。一例として以下の箇所を紹介する。

如何成悪人なりといふ共、天主より思召給ふ御大切と、我等が天主へ運び奉る御大切の薄く、しかも野心多き事 思ひ合せて見ば、誰かは犯せし科を悔悲しみ、今より進退を改めんと思ひ定めざらんや。(尾原悟編著、ペトロ・ゴメス『イエズス会日本コレジヨの講義要綱』Ⅲ、教文館、一九九九年、二七四頁)

このように、「御大切」はキリシタンにとって大事な言葉、概念、強いて言えば生き方そのものであったと言えよう。

御大切を生きた聖人の模範

聖人伝に当たる『サントスのご作業の内抜書』(一五九一年)というキリシタン時代に広く愛読された本があるが、ローマで殉教した聖ロレンソの場面にも御大切が示されている。

デシヨが焚かせたる火も大きなれども、ゼズ キリシトのその心中に起させらるるご大切の火はなほ大きなるものなり。（尾原悟編著『サントスのご作業』教文館、一九九六年、一五九頁）

デジョはローマの迫害者に当たる人の名前だが、目に浮かぶような、大変印象的に書かれたこの場面に御大切という言葉が中心になっている。キリシタンたちにとって、御大切は大事な言葉のみならず生き方、目標、理想でもあったと言えよう。上述の書物は二十六聖人の殉教前に出されたが、迫害の現実を迎える心の準備になった。日本語でどの言葉を使ったか分からないが、当時に訳された史料にある限り、パウロ三木や他の殉教者の言葉もまた教会の伝承による、つまり当時の「御大切」と一致していたことになる。

「愛」使用後の「御大切」

日本キリシタンの長い歴史の内、宗教的な意味で「愛」が用いられた時間がはるかに短いので、現代教会にも御大切の影響があると考えられる。本来の作成年代が不明だが、明治以降用いられた「天主の掟」に、以下の箇所がある。

ご大切と言うは何の心か。ご大切は天主より我らの心にいられた天主の御約束は違わざるをもって、頼母しく存じ奉る。〔略〕主は無量無辺のご善徳、ご大切の源にてましますによって、我は何より、この御方を愛し奉るご大切は、第一番の優れたる良い癖なり。（「天主の掟」、著作・発行＝木場田直『血と涙と信仰の五島列島その昔』一九九一年、二二四頁）

このように、御大切と愛、二つの言葉と概念で神の愛が説明されるが、この段階ではまだ御大切が中心だったことが汲みとれる。

おわりに

御大切という言葉は日本の教会の特徴を表すと言える。迫害が緩かったときには、互いの支え合いやその慈悲を示すことによってキリスト教の精神を表し、迫害が激しくなってからは、それを耐えて潜伏した共同体の力となった。その迫害に対して復讐や怨みを表すことなく、赦しの心を持ち続けたこともこの御大切があったからこそと考えられる。殉教者を模範と仰ぎながら、しかし殉教しなかったキリシタンたちにとって「コンチリサン」、つまり痛悔の心をもって神からの赦しを期待し続ける源でもあったように考えられる。七世代も信仰が伝わった理由の一つとして、この御大切から生じた人間に対する赦しがあったと私は思う。もしキリシタンたちが当時の迫害者を赦せなかったとすれば、信仰そのものが日本から消えたとさえ断言できよう。残念ながら原文の日本語が現存しないが、聖パウロ三木の最後の説教に「赦し」が中心となったことを考えればそれは決して偶然ではない。むしろ、御大切を受けいれ、それを最後まで生きたキリシタンの現れであり、後の殉教者の模範となったと解釈したい。人間がもたらした災難にも関わらず、民を見捨てない神様がおられる信仰こそ御大切の現れだった。現代の教会も、より分かりやすくキリスト教の特徴を表す言葉を探し続けなければならないようである。

愛とは奉献ではないか

越前　喜六

愛とは何か

愛という言葉ほど甘美なものはない。しかし、愛とは何かと問われたら、誰でもみな困ってしまうのではないだろうか。わたしは、ある大学で「人間学」という講座を長年担当してきた。「人間学」というのは、人によりさまざまな取り上げ方があるが、わたしは「人間とは何か」を総合的に探究する広義の学問であると考えている。したがってわたしは、自分の信条に従い、聖書が告げる「人は神の似像である」（創1・26―27）という人間観を人間研究の中心に据えている。それで講義のときは、「神にかたどり、神に似せて、人は造られた」から、ラテン語では簡単に「イマーゴ・デイ、“Imago Dei”（神の像）」と表現しているが、人は本来、「神の似像《じぞう》」として不滅で神聖な命を生きていると教える。それが本当に分かるとき、換言すれば悟るとき、人は神の恩恵〈ラ〉グラティア、gratia）により、神性に参与している神の子であることが経験できるであろう。

人間とは何かを構造論的に分析すれば、人間は「身体」と「マインド（精神と心）」と「魂」から成り立っている統一的生命体にほかならない。わたしが「マインド」を「心」と「精神」に区別するのは恣意的に過ぎないが、心を主に「感情」ととらえ、精神とは「理性」の思惟的な働きと受け止めているからである。が、いずれも実体的なものではなく、単に「魂」が身体を手段にしてはたらくときに使用する能力や機能にすぎない。身体やマインドは、この世に生きるときに使用される道具にほかならない。マインドのはたらきを伝統的に知・情・意と分類すると、「分別」といわれる思考する知性、すなわち理性では、神を知ることができない。神を知り、愛し、神性に参与するのは、魂（霊）においてである。わたしの愛読する霊的書物によれば、神を知るのは、魂の作用である「感情」、すなわち「心」によるという。「感情は、魂の言語だ」（ニール・ドナルド・ウォルシュ著、吉田利子訳『神との対話』①、サンマーク文庫、二〇〇二年、二〇頁）とあるからだ。また神を知るのは、「直観」によるといってもよいかもしれない。そのため、瞑想では、思念を離れることに努め、無になろうとするのである。

この人間観で重要なのは、「魂」が「自己（セルフ）」の本質だということである。そして身体や精神や心は、魂に仕える道具・手段・表現のようなものだとみなしてよいかもしれない。しかし、多くの人は、マインドによって考えられ、認識された自分が、真の自分と思い込んでいる。これを仏教では、「迷妄《めいもう》」とか「我執《がしゅう》」とか「分別智」とかいう。これに執着していれば、本当の幸福を享受することはできないであろう。また魂の内部から湧き出てくる真実の愛、すなわち「アガペーの愛」（神の愛）や「慈悲の愛」（仏の愛）も分からないのではないだろうか。仏教では、サンスクリット語でマイトリーという「慈」、すなわち衆生《しゅじょう》を慈しむ愛と、カルナーという「悲」、すなわち衆生の苦患に共感する愛の二語から成る「慈悲」が仏陀の愛と教えている。さて、魂（霊）は、愛の本源である神から無条件かつ無償に愛されていることを自ずと知っている。しかし、それがマインドによって邪魔されているので、仏教が教えるように、「渇愛《かつあい》」になっているのではないだろうか。渇愛とは、利己的に貪り、すべてを私有化しようとする私利・私欲・私心の根源である。繰り返すと、覚醒した魂の愛は慈悲であるが、マインドの愛は渇愛であるといえるだろう。

わたしは長い間、キリスト教が教える「愛」とは何だろうかと考えてきた。それが仏教と出会って、少し分かったような気がした。神の「聖霊」が、洗礼を受けた人の魂に現存し、はたらいておられるなら、なぜ日常生活でそれが経験できないのであろうかという問題意識であった。それは結局、魂が利己的なマインドという煩悩やカルマ（業）の厚い雲に覆われているからではないかと気づいた。すなわちふだんのわたしたちの愛情は、渇愛に振り回されているので、「己れを超えて他者に尽くす」という慈悲の愛を実践することも、経験することもできないのではないだろうか、と。「西欧の父」とか「西洋古代最大の教父」とか称せられる聖アウグスティヌス（三五四・一一・一三―四三〇・八・二八）がいうように、渇愛は「神を憎むまでの自我愛」に至り、地獄にまで行くことになろう。

しかし、解脱や無我の修行によって、我執（エゴ）やマインドやカルマ（業）から解放されるならば、真実の自己が顕現してくるのであろう。わたしは、こうした人こそ、「真実（リアリティ）」に目覚め、「神性」に参与する「真人《しんにん》」（臨済禅師）ではないかと考えている。こういう真人は、霊性のマスターともいえるが、神と一つであることを悟って、主キリストのごとくになっている人のことにほかならない（トマス・ア・ケンピス『キリストにならいて（*Imitatio Christi*）』大沢章・呉茂一訳、岩波文庫、一九六〇年、参照）。わたしはその典型的な実例を、聖パウロに見ることができると思う。

生きているのは、もはやわたしではありません。キリストがわたしの内に生きておられるのです。わたしが今、肉において生きているのは、わたしを愛し、わたしのために

身を献げられた神の子に対する信仰によるものです。（ガラ２・20）

人格（ペルソナ）としてはパウロであるが、パウロ自体の本性は無くなり、主キリストの神性によって生き、動き、存在していると想像することができるのではないだろうか。

それを現世で可能にするのが、信仰であり、無我であり、愛であり、智慧（悟り）である。ならば、「今ここに」という日常の生活をそういう心構えで生きられたらどんなに幸せなことであろうか。人生の目的は、人が真実（リアリティ）に目覚める、つまり悟ることである。それは、人間が宇宙人になることではなく、神の似像として創造されたがゆえに、神の養子になっていくべき存在・生命であることに目覚めていくことなのだ。いわば意識の進化にほかならない。くどいようだが、人は何かに成っていくのではなく、何かであることに覚醒していくことなのだ。ドングリが樫の木になっていくのは、ドングリが本来、樫の木であることに目覚め、気づき、覚醒するためではないだろうか。わたしの人間学では、そう教えてきた。だから、人生の行住座臥すべてが、修行なのである。

さて、愛とは何かについて、かつて合宿しながら学生たちといろいろ議論したことがある。そこで分かったことは、愛は一方において、自明で自然な感情であり、良いものを与えたいという熱望であり、火山のマグマのように魂や心の内部から突き上げてくるような衝動

〈ギ〉デュナミス）であり、物事を破壊することもあり得るが、創造的エネルギーとして体験されているものではないかということであった。が、他方において愛とは神秘であり、定義できない代物ではないかということでもあった。このように愛については、感情であったり、欲望であったり、衝動であったり、傾向であったりなど、千差万別の主張がなされてきた。どれも一定の真実を表しているといえるが、最終的には愛とは、神のごとく「曰く言い難き」神秘なのではないだろうか。かつてわたしたちがラテン語でスコラ哲学を学んでいたとき、「愛とは良き事物に向かう心の動き。Amor est motus ad rem.（アモール・エスト・モートゥス・アド・レム）」と教わった。聖トマス・アクィナス（一二二五頃―七四、イタリアの盛期スコラ学最大の哲学者、神学者、ドミニコ会士、教会博士、「天使的博士」と呼ばれる）は、主著『神学大全』（I, q.20, a.1）の中で、「愛とは、ある価値に対する感情的傾向であり、その目指す価値と積極的に結ばれることを目的にする心的働きである」（『新カトリック大事典』第一巻、一頁）と記している。これがカトリック教会では古典的な定義となっている。

それでこれ以上、愛とは何かという定義にこだわることはやめよう。ある意味でそれは抽象的な議論にすぎず、愛とは実感し、体験し、行動するという「はたらき」であるならば、抽象的な思索は不毛であるばかりか、愛というはたらきを邪魔しかねないものなのである。哲学的に愛を分析し、論議し、主張したところで、実際に人や自然や物、もちろん神や天地や諸霊などを具体的に愛さなければ何もならないだろう。これは自戒をこめて、書いていることである。長年、大学やキリスト教の講座で愛に関し、美辞麗句を重ね、種々語り、話してきたが、あるとき女性の講師から、「先生は、愛に関してりっぱなお話をされているが、実際は人々を愛していない」と言われたときは、心臓をぐさっと刺されたと感じるほどショックを受けた。それで、真摯に反省した。それからは少し改心して、自分が実際に実行し、経験し、感じていることに基づいて、愛について語るように努めてきたつもりである。講座に参加している人々が、それを証言してくれるかどうかは分からないが。

愛を分かりやすくするために、わたしは講義のとき、「好ましいもの」と判断した価値ある対象を、わたしたちは「好き」だと感ずると説明した。単なる言葉の綾や語呂合わせではない。自分にとって好ましいものとは、わたしにとって良いものであるとの主観的な価値認識である。つまりわたしにはこの事物が良いものと受け止められているのである。すると、それを自分の物にしたいと感ずる。あるいは、それと合体し一つになりたいという衝動を覚える。これがまず自然な愛の感情ではないだろうか。その愛は、人格の成長や成熟に応じて、いくらでも進化・発展を遂げてゆくであろう。そしてやがては、超自然的な愛や神的愛へと変容していくにちがいない。そうなれば、自然的な愛をもって神や人を愛するだけでなく、神的な愛、すなわち聖霊の愛をもって神や人を愛していくことができるであろう。これがわたしにとって、人生における究極の目的である。もし全身全霊を尽くして神と人を愛することができれば、わたしの生は、それで充分である。それ以上何も望まない。

さて本来の人間は、「魂」という生命原理で生きている。が、多くの人の魂は、無明の闇に覆われているので、それが分からない。それが、たとえば、瞑想のような修行を継続することによって分かるようになる。つまり悟るとき、本来の自己とは「神と一体であり、すべての必要なものが充分にあり、しなければならないことは何もない完全な存在である」(『神との対話』文庫③、サンマーク出版、五五九頁)ことが自覚できるであろう。そうすれば、知恵と愛と創造のパワーが、魂の底から自然に沸き起こるのを感じるにちがいない。これが「与えたい」という純粋な衝動であり、可愛がりたい、優しくしたい、配慮したい、あげたいなどという「愛情」にほかならないのではないだろうか。こういう「情」がなくても、他者に善行を施すことはできるし、それはりっぱな愛の行為であろう。かつて友人のステファノ濱尾文郎枢機卿(一九三〇―二〇〇七、享年七七歳)が、ある講演で、「愛は好きだという感情ではなく、良いことをしようとする実行と決断である」と言われたことがある。終わってから、その論に反論しようと思ったがしなかった。それは、実は彼自身、非常に情の厚い人物であることを、長年付き合っていてよく分かっていたからである。わたし自身は、それに比べ、情が少ない人間だと自覚している。が、最近、感情や感性や直観の大切さが分かってからは、ようやく「情」を感ずるようになり、独りで涙を流すこともある。

　女性として史上初めのシッダーマスター（サマディヨギ・ヒマラヤ大聖者の意）となられたヨグマタ相川圭子《あいかわけいこ》は、五〇〇〇年の伝統を持つヒマラヤ秘教の正統な後継者といわれる。彼女は、ヒマラヤの秘境で長年にわたる死を超える修行を重ね、神我一如の「究極のサマディ（悟り）」に到達されたとある（『魂を浄化するたった一つの方法』角川書店、二〇一四年、初版の奥付）。同書によれば、人の本質は「魂」であり、それは純粋で完全で光輝いている。そして、そこからは慈悲の愛や叡智や歓喜のエネルギーが滾々と湧き出ている。だから、それに身を委ねるとき、無条件で与える無償の愛に生きることができるという。それを妨げているのが、「マインド」といわれる表層の知情意、いわゆる我執や煩悩、それに過去生からの行為や習慣の総称、「カルマ」だという。それを乗り越えるには、瞑想を主とする修行が大切であるとして、方々で種々の瞑想指導をなさっているという。

　繰り返しになるが、自我（エゴ）とは考えられた自分であって、真の自己ではない。それがマインドと呼ばれるものである。それに縛られている限り、利己心に邪魔されて、純粋に「神」や「他者」や「自己」を愛することはできないであろう。かえって、多くの精神分析家や心理学者が指摘するように、普通の人には、「バイオフィリア（命への愛や願望）」がはたらいているが、異常な人の場合には「ネクロフィリア（死や破壊への願望）」がはたらくことがあるという。けれども、マインドはこの事実に気がつかない。だから、異常な行動を取るのだという。しかし、真実を悟るとき、人は誰でも知恵と愛と創造のエネルギーに満ちた真の自己（真我）に気づくことができるであろう。

神を愛するとは

カッパドキアの三教父の一人、聖バシレイオス（三三〇頃—三七九）は、『長文の修道会則』の中で、愛に関し、「愛する能力はわたしたちのうちに刻みこまれている」として、すばらしい文章を残している。

神への愛は人から教えられるようなものではない。……反対に、人間という生きものが存在しはじめると同時に、種のような理性がわたしたちの中に入れられた。この理性は、自発的に愛する能力の胚芽を自らのうちに持っている。神の掟の学び舎《や》に入ると、そこでこの理性が常に神の恵みによって入念に育てられ、巧みに育まれ、さらに完成の域に導かれる。……

まず、次のことを言っておこう。神がわたしたちに授けられたすべての掟を守る力と能力を、わたしたちは神からあらかじめ受けている。それは、何か不自然なことが自分に要求されるかのように、わたしたちがその掟を不愉快に思わないようにするためである。また、わたしたちに与えられたもの以外のものを神に返していると思い込んで、高ぶらないようにするためでもある。わたしたちは神から与えられた力を正しく、ふさわしく使うと、諸徳で飾られた敬虔な生活を送ることになる。反対にその力の活力を悪用すると、悪徳に陥ることになる。

悪徳の定義とは、わたしたちが善を行うために神から与えられた能力を、主の掟に逆らって悪用するということである。反対に、神が要求なさる徳の定義とは、神が与えてくださった能力を、正しい良心をもって主の掟に従って用いるということである。

だから、同じことが愛についても言える。神を愛するようにという掟を授けられたわたしたちが存在しはじめるやいなや、愛する能力はわたしたちのうちに刻み込まれている。このことは、人間の外にある証拠によって論証されるのではなく、人はだれでも自分で、自分自身の内面において、そのことを知りうるのである。事実、多くの場合、人々が美しく思うものはまちまちであっても、わたしたちは皆、美しいものを自然に欲する。さらにわたしたちは特に教えられなくても、家族や親戚に対して愛情をもち、自分を助けてくれた者に自発的に心をこめて敬愛の情を示している。

それでは尋ねるが、神の美しさ以上に感嘆すべきものがあるだろうか。神の偉大さについて考えること以上に楽しいことがあるだろうか。あらゆる悪徳から清められた魂、心をこめて、「わたしは愛の傷を負っています」〔雅2・5〕という魂の中に神が植えつけてくださるあこがれよりも、耐えがたく、激しいものがあるだろうか。神の美しさの輝きは、全く名状しがたく語り尽くしえないものである。(『毎日の読書』第四巻、一二一—一三頁、カトリック中央協議会、一九九〇年)

コメントの必要はあまりないと思う。わたしたち人間が本来、神の似像ならば、創造主なる神、天におられるわたしたちの御父を愛する能力が、自然に魂に植えこまれているのが分かろう。わたしは十歳のとき、姉から神さまの話を聞いた。世の無常を強く感じていたわたしは、神と天国の話を聞いただけで、直ぐに信じた。そして、神に強く惹かれるのを感じた。そのときわたしは、やっとこの無常な世の中から心理的にも逃避できると思った。神という言葉を思い出す度に、神と一つになりたいという熱望を感じるので、それが実現するよう、祈りの本を使って、熱心に祈った。祈りについては前著『祈り』(教友社、二〇一四年)にも書いたので、割愛する。要するに、わたしが言いたいのは、神が「ある」(出3・14)すなわち存在することが信じられれば、誰でも「唯一でありながら、すべてにおいてすべてであられる」神を愛するにちがいないということである。

『マタイによる福音書』によると、ある時、一人の律法学者がイエスを試そうとして尋ねた。「先生、律法の中で、どの掟が最も重要でしょうか。」イエスは答えて言われた。「『心を尽くし、精神を尽くし、思いを尽くして、あなたの神である主を愛しなさい。』これが最も重要な第一の掟である」（22・37―38）。すなわち、魂・精神（心）・身体のすべてを尽くして主なる神を愛することが、最も重要な第一の掟であるという。掟や戒律というと、「しなければならない」とか「すべきである」というべき論が先行するが、わたしは信仰と同じように、戒律を守るというのは、ただ形式的に規則を守ることではなく、自由意志による選択とコミットメントだと考えている。分かりやすくいうと、わたしにとって愛するというのは、一番大切な勤めであり、感情であり、行動であると決めているので、それに自分の生を賭けている。その場合、「すべてのものは、神から出て、神によって保たれ、神に向かっているのです。栄光が神に永遠にありますように、アーメン」（ロマ11・36）という意向を意識している。すると、自然に神から恵まれ、愛され、守られているのが感じられる。だから、すべてにおいて神に感謝しているのである。

そして、究極的に天国における至福直観の境地になれば、聖アウグスティヌスが『神の国（*De Civitate Dei*）』（泉治典ほか訳『神の国』下巻、教文館、二〇一四年）の最後に書いているような永遠の至福を享受するであろう。

そのとき、わたしたちは休み、かつ見るであろう。わたしたちは見、かつ愛するであろう。わたしたちは愛し、かつたたえるであろう。これこそ終わりなき終わりにおけることである。(五八一頁)

このラテン語の原文は素晴らしい。さすが古代有数の修辞学者アウグスティヌスである。“Videbimus et amabimus, amabimus et laudabimus, in fine sine fine.”(ヴィデービムス　エト　アマービムス、アマービムス　エト　ラウダービムス、イン　フィネ　シネ　フィネ)わたしなりの意訳をすれば、「そのとき、わたしたちは永遠の安息のうちに、顔と顔を合わせて神を観るであろう。そして神を愛するであろう。愛しながら神を賛美するであろう。終わりの時、終わりなく」。

第二バチカン公会議(一九六二―六五)によって、カトリック教会は、内的な刷新と外的な現代化を推進した。その時期、わたしは司祭叙階前の神学修士であったが、新しい息吹が神学院にも吹いているのが感じられていた。そこで院長の許可の下、神学生や哲学生が中心になって、英語版の"Theology Digest"を翻訳し、日本語版の『神学ダイジェスト』を創刊したが、忽ちヒットした。この雑誌は今も上智大学神学会によって発行されている。また、わたしは一九六八年秋から六九年春までマニラ市のアテネオ・デ・マニラ大学の敷地内にある東アジア司牧研究所（ＥＡＰＩ）の三回生として七か月間の司牧研修コースに派遣された。ここでは、東アジアの教会、学校、施設などで指導的役割を演じている百名近い神父、修道女、信徒たちが集まり、第二バチカン公会議の文書を基に、実に革新的な研修が実施されていた。そこで古い養成を受けたわたしのメンタリティーは、百八十度変わったといえる。わたしの体験から、ＥＡＰＩでの研修の眼目は、神から愛され、神を愛しているなら、具体的に日々出会う他者と真摯に関わり、開かれた心で何事にも参与することで、他者への愛を表現すべきではないかということであったと思う。それが、ＥＡＰＩで流行ったインターパーソナル・リレイションシップという言葉の意味するところであったと理解する。けれども、実際には少し行き過ぎもあった。それは男女の交際ととられたことであった。しかし、二〇一四年と二〇一五年にローマで開催される「家族・家庭」（仮称）に関するシノドスが、福音と信仰に照らしてどういう具体的な指針や勧告を公布するかは分からないが、父なる神や主イエス・キリストのわたしたち一人ひとりの人間に対する愛は、パーソナルなものので、あたかも『雅歌』に歌われているような恋人同士の愛に似ているといえなくもないであろうと考える。神とわたしたちの魂の神秘的な愛の交歓を少しでも理解したければ、例えば、ニュッサの聖グレゴリオスの[1]『雅歌講話』（大森正樹・宮本久雄・谷隆一郎・篠崎栄・秋山学共訳、新世社、一九九一年）や聖ベルナルドの[2]『雅歌について』（山下房三郎訳、あかし書房、昭和六三年）を愛読されることをお勧めしたい。

三位一体の神が、存在するすべてのものを無条件に無償に無限に愛しておられるというリアリティ（現実在）を信じているならば、わたしたちは誰でも、主なる神を魂の深層から愛するにちがいない。なぜなら、神の愛（慈悲）は、聖霊の賜物としてわたしたちの魂に注賦され、心というチャンネルを通して流れているので、人間的で自然な愛情も超自然的に変容していくのが分かるからである。だから、わたしたちは三位一体の神を、行住座臥いかなる時でも、パーソナルに愛することができるのである。そして、それは特に祈りや瞑想のときに、感じられ、体験されるであろう。

くどいようだが、人間にとって神を愛するということは、最も自然な感情であり、行動であるということである。神は、至高の真理・最高の善・究極の美であるから、それを認識できた人を、鉄分が磁石に引き寄せられるように、自然に神に惹かれ、万物に超えて神を愛し奉り、神と一体化していくのではないだろうか。

けれども、神を愛することができるという能力は、「できる」という可能性であって、実際に神を愛しているという、いわば「できている」という現実態ではない。しかも、聖バシレイオス司教が書いているように、その能力は、種のようなものであり、萌芽のようなものだから、ほうっておいてはいけない。人間社会の中で、特に神の掟の学び舎といわれる教会で、神の恵みによって、「入念に育てられ、巧みに育まれ、さらに完成の域に導かれる」（前掲文）必要があろう。だから、愛について学び、習練して、愛に熟達する必要があるのではないだろうか。人生が愛の学校というのは、そういう意味であろう。心理学者のエーリッヒ・フロムもそれを強調している（『愛するということ』紀伊国屋書店、一九九一年、参照）。

なお、「愛の賛歌」とよばれる聖パウロの『コリントの信徒への第一の手紙』の一三章で称えられている「愛」とは、通常の人間的な好悪の感情としての愛情ではなく、聖霊の賜物としての神的愛、それこそアガペーの愛のことではないかと考える。聖霊の賜物としての愛が恵まれていれば、わたしたちは神的愛をもって人間的に愛することができるようになるのではないだろうか。それが例えば、「愛は忍耐強い。愛は情け深い。ねたまない。愛は自慢せず、高ぶらない。礼を失せず、自分の利益を求めず、いらだたず、恨みを抱かない。不義を喜ばず、真実を喜ぶ。すべてを忍び、すべてを信じ、すべてを望み、すべてに耐える。愛は決して滅びない」（13・4—8ａ）という至言で表現されているのだと思う。このように、愛という特能（カリスマ）は、徳（力）となり、はたらきとなって現出してくるのではないだろうか。
教皇フランシスコは、『修道生活の刷新・適応に関する教令』の発布五十周年を記念して、二〇一四年一一月三〇日から二〇一六年二月二日の主の奉献の祝日までを「奉献生活の年」と定められた。それで、『奉献生活の年にあたって』という使徒的書簡をすべての奉献生活者の皆さんへ宛てて公刊された（バチカンにて、二〇一四年一一月二一日、聖マリア奉献の記念日。カトリック中央協議会、二〇一五年）。本書簡で、教皇フランシスコは、奉献生活者のわたしたちにこう問うておられる。

今一度自分自身に問うてみましょう。イエスは、わたしたちが誓願を立てたときに思っていたように、今でも本当に第一で唯一の愛だろうかと。そうであればわたしたちは、自分の道で出会うすべての人々を、真理といつくしみをもって愛することができるし、またそうでなければなりません。なぜならわたしたちは、愛とは何か、どのように愛するかをイエスから学んだからです。イエスのその心に触れたから、愛を知るようになるのです。（6頁）

奉献生活者の完全・完璧な模範は、いうまでもなく主イエス・キリストである。だから主キリストにより聖霊において父なる神に奉献されたわたしたちは、徹頭徹尾、愛の奉仕者でなければならないと思う。それにはいつも信仰と愛と祈りによって、主キリストに寄り添いながら、外に出掛け、人々に福音を証していかなければなるまい。わたしたちは、主イエス・キリストにより神愛（たとえば、仏の慈悲の愛のごとく）で愛されているだけでなく、人間愛でも愛されているのである。その例をわたしは、マグダラのマリアに出現された復活のイエスの言葉に見るのである（ヨハ20・11―18参照）。

マグダラのマリアは、空になっている聖墳墓の前で、天使たちに「わたしの主が取り去られました。どこに置かれているのか、わたしには分かりません」と言って泣いていた。そこに復活されたイエスが現れ、「婦人よ、なぜ泣いているのか。だれを捜しているか」と言われた。園丁と思い込んだマリアは、言った。「あなたがあの方を運び去ったのでしたら、どこにおいたのか教えてください。わたしがあの方を引き取ります。」イエスが、「マリア」と呼ばれると、彼女は振り向いて、「ラボニ」（ヘブライ語で先生の尊敬語）と言ってイエスに縋り付こうとした。すると復活のイエスは、マリアに言われた。「わたしにすがりつくのはよしなさい。まだ父のもとへ上っていないのだから。わたしの兄弟たちのところへ行って、こう言いなさい。『わたしの父であり、あなたがたの父である方、また、わたしの神であり、あなたがたの神である方のところへわたしは上る』と。」（ヨハ20・17）

二〇一五年三月一九日（木）、わたしはかつらぎ会のキリスト教講座の一四名の巡礼者と共に、この聖墳墓教会の聖墳墓の祭壇で、ミサを捧げることができた。巡礼者たちも神の大きな神的愛の息吹と深い恩恵を体験したにちがいないと思う。そのとき、わたしは壁に掛っていた復活の主イエスの御顔を眺めながら、この福音書の場面を追憶でき感無量であった。

真の自己愛こそ、他者への愛の源泉

わたしの愛読する霊的書物に、自己愛に関する非常に重要な言葉がある。それを神の言葉と見做すかどうかは、個々人の主体的な判断の問題であるが、長年、自己愛について迷い、悩んできたわたしにとっては、革命的とも思える衝撃的な言葉であった。

人間関係では、それぞれが自分のことを考えるべきだ。自分は何者か、何をするか、何をもっているか、自分は何を欲し、要求し、与えているか、自分は何を求め、創造し、経験しているか。そう考えれば、すべての人間関係はすばらしいものとなり、その目的に――そして関係を結んでいる人間にとっても――大いに役立つだろう。

人間関係では、それぞれが他者について心をわずらわせるのではなく、ただただ自分について心をくだくべきだ。

これは奇妙な教えに聞こえるかもしれない。あなたがたは、最も気高い人間関係では相手のことだけを考えるものだと聞かされてきたからだ。ところが、ほんとうはあなたがたが相手にばかり気持ちを向けること——相手にとらわれること——が、失敗の原因である。

〈マスター〉は、相手が何者で、何をし、何をもち、何を言い、何を欲し、何を要求しているかはどうでもいいことを知っている。大事なのは、その関係のなかであなたが何者であるかだけである。最も愛情深い人間とは、最も自己中心的な人間だ。（傍線筆者）（ニール・ドナルド・ウォルシュ著、吉田利子訳『神との対話』①、サンマーク文庫、二〇〇二年、二二二—二二三頁）

わたしはこの言葉を神の言葉と信じているが、人間学的に考えても道理に合っていると思う。本書には続けてこういう言葉がある。「よくよく考えれば、この言葉は過激ではない。自分を愛していなければ、相手を愛することはできない」（前掲書、二二三頁）からだ。

聖書にも同じような言葉があるではないか。主キリストは、「隣人を自分のように愛しなさい」（マタ22・39）と言われた。先に自分自身を愛さなくて、どうして他者を真摯に愛することができるだろうか。他者とはもう一人の自分自身なのではないか。仏教では、「自他《じた》不二《ふに》」という。「自他一如《じたいちにょ》」といってもよいだろう。自分と他者は一つでないが、二つでもないという。哲学的に考えても、人格〈ラ〉persona、ペルソナ）と本性〈ラ〉natura、ナトゥーラ）は別々のものとして理解できる。それを表しているのが、氏名といえよう。けれども、Aさんは独自な人格として二人である。それを表しているのが、たとえば、AさんとBさんは、それぞれ一個の独自な人格として二人である。したがって、人間性においては、AさんとBさんは同一であるということに変わりがないであろう。つまり、人間という本性においては、AさんとBさんは一つであるといえるのではないだろうか。

さて、わたしのささやかな霊的経験からいえば、自分のアイデンティティともいうべきわたしの「魂（霊）」は、神の似像を表しているので、神との合一に憧れていた。だから、若いとき、アウグスティヌス著『告白』（*Confessiones* I, 1, 1 山田晶訳、中公文庫、二〇一四年）の冒頭の言葉、「あなたはわたしたちを、ご自身にむけてお造りになりました。ですから、わたしたちの心は、あなたのうちに憩うまで、安らぎを得ることができないのです」に出会ったとき、まさしくこれがわたしの究極の願望であることが分かった。しかし、それを実現するためには、人生の営みすべてを修行と考えて努力しなければならないと思った。それでともかく子どもながらにも実行しようとした。それが祈りであり、霊的読書であった。

「魂」を磨き、魂を進化・発展させる行《ぎょう》には種々ある。一番端的な方法は、神に祈ることである。祈りに関してはすでに、既刊の『祈り』でいろいろと論述されている。役に立つと思う。ともあれ、祈りの方法は、多種多様であり、人によって皆、違うかもしれない。けれども、日常の思惟や理性による分別を離れて、無念無想とは言わないが、無我無心になろうとすることは必須である。雑念に気づいて、それに囚われていなければ、心配することはない。ただ静寂のうちに内的沈黙を守ろうとすればよい。そして、感情の動きに留意し、愛情の呼吸をしさえすればよい。悟りや気づきや歓喜や慰藉は、神の方からやってくる恵みにほかならない。それがあったら、感謝のうちに受容し、味わえばよい。こうした瞑想や祈りは、立派な自己愛の実践といえよう。

一〇歳のとき、姉の話を聴いて、神と天国を信じたわたしは、どうしたら神と一致し、天国に入ることができるかを真剣に考え、道を求めた。そのとき、姉から子ども向きの『聖教の本』（確か著者はドイツ人の宣教師、ライニルケンス〈？-〉という素晴らしい書物を貰ったので、眠るのも忘れて夢中になってその本を読んだ。そして、そこに書かれていることをみな真実だと信じた。それればかりか、それらを実行しようと決心した。中学に進むようになってからは、聖フランシスコ・サレジオの『信心生活の入門』を熟読し、そこ書かれている『霊操』に基づく黙想を毎日実践した。その他、聖人たちや神秘家たちが記した書物もよく読んだ。ただ、不思議なことに、イエズス会の書物だけには出会わなかった。まだ未信者のときである。

高校を卒業し、一九歳で受洗するまで、わたしは神経質で内向的な傾向の強い孤独な青年であったが、社会に出て、特に青年向けの教育的な雑誌『弁論』や書物を編集し、出版しているうちに、ジャーナリストの特権で、当時の著名な作家や知識人や学者などとお会いする機会が多くなっていった。それで少しずつ外向的な人間になっていったような気がする。今想い出しても、当時は非常に充実した楽しい日々であった。戦後間もなくでもあり、遊びや歓楽的なことはほとんどなかった。が、貧しかったけれども充実した日々であった。

社会人として仕事をしながら、神との一致を目指していたから、よく実行したことは、毎朝、四谷の聖イグナチオ教会のミサに与かり、聖体を拝領したこと、朝晩は祈りと反省を怠らず、時間が許す限り、瞑想や霊的読書をしたことである。また徳の実践としては、善行を選ぶこと、我欲を制し、自分の欠点や短所を直そうとすることなど、今から思えば少し異常と思われるようなことを実践した。こうした若い時の志向や行為が極端であり、バランスや中庸を欠いていたことはいうまでもない。が、当時のわたしには、それ以外に関心も興味もなかったのである。世の無常を強く感じていたわたしは、学校の勉強もまたつまらないものに思えてならなかった。こうしたわたしの自愛心的思考や実践は、その後、イエズス会の志願者として大学に入学し、ラテン語を学習している時期に、ある宣教師から言われた言葉で、大きく変わった。その神父は、あるときわたしにこう言われた。「若い時の聖フランシスコ・ザビエルは、パリ大学の学生のとき、聖バルバラ学院に居住していたが、その当時のパリ大学のモットーは、『よく祈り、よく学び、よく遊ぶ』であった。越前さん、あなたには遊びがないですよ」と言われたことである。それからのわたしは改心して、友人たちと遊ぶことを心掛けた。それで気づいたことは、遊びこそ利己的な傾向からわたしたちを解放してくれるのではないかということであった。なぜなら、遊びには他者がいるし、他者に与える面があるからではないだろうか。祈りも学習も注意しないと、セルフィッシュなものになりやすいと思う。後日分かったことであるが、他者に対する愛の欠如は、自己愛を利己的エゴイズムに変質させてしまう危険があるということである。わたしのように、子どものときから、あまりにも内向的な利己心にしばられていると、それが人格の円満な成長・発達をどれだけ妨げていたか計り知れないと思った。

非常に面白い本を読んだことがある。それは、邑井《むらい》操《みさお》著『自愛の人間学』（ダイヤモンド社、一九九五年）である。著者は、人間の生き方を土台にした企業内の人間関係・リーダーシップに関する著述や講演を主としているコンサルタントであるが、自己愛の肝要さを多くの事例や逸話を基に巧みに語っている。彼は表紙にこう書いている。「自愛とは、まず自分を大切にすること、自分自身の中味を良くすること、内容を豊かにして実力を蓄え、自分を磨き上げること、それこそが一番可愛い自分を愛することであり、値打ちを高めることである。そう理解しえた人は、他の人のことも大切にする。なぜなら、自分と同じように他の人もまた自分を一番可愛く思っていることがわかるからである」。人間学的に、まったく正鵠《せいこく》を得た言葉ではないかと思う。

インドでの話である。

パセーナディイ王が壮麗極まりないといわれた宮殿の屋上で、マッリカー妃をかえりみて問うた。

「妃よ、そなたにとって自分よりももっと愛しいものが他にあるかね」

「……それは大王さま、あなたさまです……」

そんな答えを期待し、甘い気分になっていた大王に妃は静かに答えた。

「大王さま、私にとって自分よりももっと愛しいものは何もございません」

妃はさらに問いかけた。

「大王さまにうかがいます。あなたにとって自分よりももっと愛しいものがございましょうか？」

大王は興醒めた思いをしながら、

「そうだな、私にとっても、自分よりももっと愛しいものは何もないね」

大王はひとり宮殿を出て、尊敬している釈尊のもとに行き、右の次第を話した。

釈尊は、

「人は思いによってすべての方向におもむいても、自分よりさらに愛しいものに達することはない」

と、人間は利己的なものである、というきびしい現実を受け入れ、そのうえで、

「同じように、他の人々にとっても自分が一番愛しいものだ。だから自己を愛する人は、他人を傷つけてはいけない」

人に対する同情や愛もこの認識の上に立って成立するのだ、と教えている。(前掲書、四―六頁)

またこの著者は、ある哲人のいったことばを引用して、こう書いている。

ああ、実に、夫を愛するがゆえに夫が愛しいのではない。自分を愛するがゆえに、夫が愛しいのだ。妻を愛するがゆえに、妻が愛しいのではない。自己を愛するがゆえに妻

が愛しいのである。ああ、子らを愛するがゆえに、子が愛しいのではない。自分を愛するがゆえに、子が愛しいのである。（前掲書、六頁）

だから、初めに自己を正しく愛することを学ばなければならないという。最後に、社会心理学者のエーリッヒ・フロムの名著『愛するということ』（紀伊国屋書店、一九九一年）から大事な言葉を引用することにする。

聖書に表現されている「汝のごとく汝の隣人を愛せ」という考え方の裏にあるのは、自分自身の個性を尊重し、自分自身を愛し、理解することは、他人を尊重し、愛し、理解することとは切り離せないという考えである。自分自身を愛することと他人を愛することとは、不可分の関係にあるのだ。……他人への愛と自分自身への愛は二者択一のようなものではないということになる。それどころか、自分自身にたいする愛の態度は、他人を愛することのできる人すべてに見られる。原則として、愛は、「対象」と自分自身とのあいだのつながりという点に関していえば、分割できないものである。純粋な愛は生産力の表現であり、そこには配慮、尊重、責任、理解（知）が含まれている。愛は誰かに影響されて生まれるものではなく、自分自身の愛する能力にもとづいて、愛する

人の成長と幸福を積極的に求めることである。（九四―九五頁）

フロムは、ここで利己主義と自己愛の心理学的な違いについて論じているのである。そして、私自身も他人と同じく私の愛の対象になりうるという。そしてこう記している。「もし他人しか愛せないとしたら、その人はまったく愛することができないのである」（九六頁）。さらにこうも書いている。

利己主義と自己愛とは、同じどころか、まったく正反対である。利己的な人は、自分を愛しすぎるのではなく、愛さなすぎるのである。いや実際のところ、彼は自分を憎んでいるのだ。……たしかに利己的な人は他人を愛することができないが、同時に、自分自身を愛することもできないのである。（九七頁）

最後に、本書で引用されているマイスター・エックハルト（一二六〇頃―一三二七、ドイツの神秘思想家・説教家・ドミニコ会神父・神学博士）のすばらしい言葉で締めくくることとする。

もし自分自身を愛するならば、すべての人間を自分と同じように愛している。他人を自分自身よりも愛さないならば、ほんとうの意味で自分自身を愛することはできない。自分を含め、あらゆる人を等しく愛するならば、彼らを一人の人として愛しているのであり、その人は神であると同時に人間である。したがって、自分を愛し、同時に他のすべての人を等しく愛する人は、偉大で、正しい。(二〇〇頁)

何か神人キリストを連想させるような言葉であるが、決意さえあれば、わたしたちにもこうした愛が可能なのではないだろうか。

他者への愛とは兄弟〈ラ〉fraternitas)愛ではないか

わたしは十人兄弟の末っ子として育ったので、同じ両親から生まれた血のつながりのある関係としての兄弟愛がどんなものであるかは自然に分かっていた。ただ、男子八人、女子二人だったので、男兄弟の関係というのは、結構ドライな面があることも感じていた。それにわたし以外はみな結婚していたので、兄嫁との関係で、可愛がられた面もあるが、敬遠された面もあったことを体験している。

信仰に基づく他者観からいえば、人類は皆、同じ唯一の神を父とする神の家族で、霊的兄弟であるから、わたしたちは親である神を愛するように、他の人々を霊的兄弟として愛さなければならない。これを兄弟愛という。これは神法であるだけでなく、当然のごとく自然法でもあろう、とわたしは考える。また、孟子（前三七二―前二八九、中国、戦国時代の儒家）の性善説にあるように、人間の本性は生来、善なるものであるがゆえに、人にはみな先天的に「忍びざる心（惻隠の情）」があると信じられている。これを論証するために、彼は四端説を説いた。

今、よちよち歩きの幼児が井戸に落ちこもうとしているのを見つけたとする。だれでもじっとしておれない同情心にかられて駆けだすにちがいない。それは幼児の親と交際したいからではなく、村の仲間にほめられたいからでもなく、助けなかった場合の非難を恐れてそうしたのでもない、まったくの自然である。このことから類推すると、このじっとしておれない同情心がない者は人間ではない。そして、この同情心こそ仁の端《はじめ》であり、羞恥心こそ義の端であり、謙譲心こそ礼の端であり、分別心こそ智の端である。人々がこの四端を持つのは、四本の手足をそなえるのと同じである。この自分に備わった四端をすべて拡充するようにつとめなければならない。（金谷治著『孟子』岩波新書、一九六六年、一一五頁）

これは、『孟子』（公孫丑章句上、岩波文庫）にある有名な句であり、人間の性は本来善であるという性善説の根拠になっている言葉である。人には皆、「惻隠《そくいん》」の情、すなわち「哀憐」の感情というものがある。だから正常な人ならば、誰でもよちよち歩きの赤ん坊が、間違って穴に落っこちようとすれば、「危ない」といって助けるにちがいない。「わが身をつねって人の痛さを知れ」という諺もある。だから、人は誰でも、人の痛み、苦しみ、悲しみ、困窮、惨めさなどに共感するし、同情もするのである。またこうした愛の感情から、人は皆、他者の幸福や成長・発展を願い望むのである。そうした兄弟愛から、人々は自分の持てる物で良き物があれば、喜んで人に与えるのではないだろうか。また、良き言葉をもって、慰め、助け、教え、導くのではないだろうか。

E・フロムは、兄弟愛に関して、すばらしい言葉を残している。引用させていただく。

私のいう兄弟愛とは、あらゆる他人にたいする責任、配慮、尊重、理解（知）のことであり、その人の人生をより深いものにしたいという願望のことである。「汝のごとく汝の隣人を愛せ」という聖書の句が言っているのは、この種の愛のことである。兄弟愛とは人類全体にたいする愛であり、その特徴は排他的なところがまったくないことである。もし愛する能力がじゅうぶん発達していたら、兄弟たちを愛せずにはいられない。人は兄弟愛において、すべての人間との合一感、人類の連帯意識、人類全体が一つになったような感覚を味わう。兄弟愛の底にあるのは、私たちは一つだという意識である。すべての人間がもつ人間的な核は同一であり、それに比べたら、才能や知性や知識のちがいなど取るに足らない。この同一感を体験するためには、表面から核まで踏みこむことが必要である。もし私が他人の表面しか見なければ、ちがいばかりが眼につき、そのために相手と疎遠になる。もし核まで踏みこめば、私たちが同一であり、兄弟であることがわかる。表面と表面の関係ではなく、この中心と中心との関係が「中心的関係」である。（前掲書、七七―七八頁）

この言葉に接すると、自己愛の面で自己洞察が深くなければ、他者との同一感を悟ることはなかなかできないのではないかと思う。つまり、智恵と愛は表裏一体をなしているのである。わたしたちは、愛を好悪の感情と同一視しているので、人を好きになれば愛していると思い、嫌いになれば愛していないと思い込む。わたしは子どものときから、人間嫌いな傾向があったので、キリスト教が愛の宗教であると信じていても、他者を愛するということがよく分からなかった。しかし、好きイコール愛ではないという真実に気づいてからは、好きでない人々に対しても、優しく、親切に接したり、楽しく会話したり、頼まれれば喜んでお手伝いすることができるようになった。要は、愛徳（〈ラ〉caritas）を実行しようという意思ではないかと思う。

それは、仏教の七仏通戒偈《しちぶつつうかいげ》にある、「諸悪莫作《しょあくまくさ》・衆善奉行《しゅぜんぶぎょう》・自浄其意《じじょうごい》・是諸仏教《ぜしょぶっきょう》」を実行することではないか。人々に対してもろもろの悪をなさず、すべての善を行い、自らの心を浄めよ。これが諸仏の教えである、という意味である。これは決心すれば、実行できることである。仮に、むつかしいと感じたら、わたしの場合、主なる神に祈る。嫌いな人に良いことをするのがむつかしいと感じる時には、主（神）よ、善を行えるよう助けてください、と。後は立ち上がって行えば、意外に易しくできることを幾度となく経験してきた。もし、わたしたちに信仰と祈りさえあれば、悪を避け、善を行うことは、何も難しくないことが分かろう。

好きか嫌いかが、一番大事なモラルなのではない。好悪の感情は、ただ私自身に合うか合わないかの違いであって、物事の客観的な善悪の規準なのではない。大切なことは、他者に対して、悪をしない、善をするという決意だけである。それに、自己洞察が深く、愛情が豊かなときは、悪人に悪で報いようとはしないし、自分にとって敵と思われる嫌いな人に対しても、善を選び、利他行を実践することができるであろう。その上、自分自身が、親鸞が言うように、「罪悪深重《ざいあくじんじゅう》・煩悩熾盛《ぼんのうしじょう》」（『歎異抄』）の身でありながらも、父なる神と主イエス・キリストの無限で無償で無条件の愛に摂取されていることを想えば、どうして「敵を愛し、自分を迫害する者のために祈りなさい」（マタ5・44）と命じられた主イエスの言葉に逆らえようか。

最後に、理想的な兄弟愛（隣人愛）を実行するとはどういうことかというと、わたしは仏教徒ではないが、禅宗の日本曹洞宗の開祖、永平道元《えいへいどうげん》（一二〇〇―五三〈正治二―建長五〉）が書かれた『菩提薩埵四摂法《ぼだいさったししょうぼう》』（現代語訳『正法眼蔵』第四巻、増谷文雄著、角川書店、昭和四八年、二八八―三〇〇頁）の中の「布施《ふせ》」・「愛語《あいご》」・「利行《りぎょう》」・「同事《どうじ》」ではないかと考える。『正法眼蔵』九五巻は、いずれも道元自身が悟られた真実界の真相を言語化したものであるといえるが、悟りの眼で観ている真相を分別の言葉で表現することは不可能に近いのではないか。そう自覚されながらも、衆生済度のために、あえて悟りの風光を言語表現しようと決意されたのではないかと思う。したがって、非常にむつかしい。しかし、この『菩提薩埵四摂法』は、比較的平易な文章で書かれているのではないだろうか。なお、「菩薩《ぼさつ》」というのは、悟りを開いて仏の位にあるが、衆生《しゅじょう》（迷える人のこと）を済度《さいど》（助け、救うこと）したいとの慈悲の心情から、現世に留まり、和光同塵《わこうどうじん》（光を和らげるために塵に同化すると解する）して、衆生を助け、導かれる人たちのことである。

「布施」について、道元はこう記している。

その布施というのは、不貪《ふとん》、すなわちむさぼらざることである。むさぼらないというのは、世の中にいう諂いのこころなきことである。たとい全世界をすべて領していても、人々を教化して正しい道に帰せしめようとするならば、どうしても不貪でなくてはならない。それは、たとえば、捨つべき宝を見も知らぬ人にほどこすがごとくでなくてはならない。むかしより遠き山の花を如来に供養するということがあり、また前世のたからを衆生に施すということがあるが、教法にしても、物品にしても、いずれも布施するにふさわしい性質をもともと具えているのである。わが物ではなくっても、布施できないという道理はないのである。その物が軽小だからといって嫌ってはならない。それが本当に役立てばよいのである。道は道にうちまかせて純一無雑なるがよく、その時はじめて道が得られる。得道の時には、かならず、道が道に打ちまかされて、おのずからにしてそれがなるのである。そして、いま財貨もまたそれ自身に打ちまかされる時、その財貨はかならず布施となる。自分に施すべきものは自分に施し、他にほどこすべきものは他にほどこすのである。そのような布施のえにしによるちからは、とおく天界までも通じ、人間界にも通じ、また証《さとり》を得た聖者たちにも通ずるであろう。なんとなれば、その時、彼らは、あるいは布施のほどこし手となり、また受け手となって、たがいに縁を結ぶからである。云々。（現代語訳、前掲書、二八八―二八九頁）

常識的なコメントをすれば、布施とは物、言葉、行為など、他者の利益になるものを喜んで与える態度ではないだろうか。布施には、「施無畏《せむい》」という美しい言葉もある。人々の不安、恐れ、悩みなどを取り除き、平安、喜び、愛、自由などを感じさせる行を施すことであるという。たとえば、坐禅や瞑想や祈りに導くことであろう。

「愛語」について、道元は実に美しい言葉を残しておられる。

愛語というのは、衆生をみていつくしみ愛する心をおこし、心にかけて愛のことばを語ることである。およそ荒々しいことばはつつしむことである。世俗にも安否を問うという礼儀があり、仏道には「お大事に」と自愛自重をすすめることばがあり、また「ご機嫌いかがでございますか」と問う礼儀がある。「衆生を慈しみ念ずること、なお赤子のごとし」というが、そのような思いを内にたくわえてことばを語る、それが愛語である。

徳あるものは賞めるがよい。徳なきものは憐れむがよい。その愛語をこのむところから、いつとはなしに愛語は成長してくるのである。……
思うに、怨敵をして降服せしめるにも、君子をして仲むつまじうせしむるにも、いつも愛語を根本とするのである。相向かって愛語をきけば、おのずからにして面によろこびがあふれ、心をたのしうするであろう。また、相むかわずして愛語を聞いたならば、それは、肝に銘じ、魂をゆりうごかすであろう。けだし、愛語は愛心よりおこるものであり、愛心はまた慈しみの心を種子としてなれるものだからである。まことに、愛語はよく天を廻《めぐ》らすほどの力あるものなることを学ばなければならない。ただ能力あるを賞するのみではいけないのである。(同書、二九四頁)

愛に満ちた心から、愛情のこもった優しい言葉を他者にかけることは、天地をひっくり返すほどの力を持っているという。すごい言葉である。

「利行《りぎょう》」について、道元はこう述べている。

利行というのは、貴きと賤しさをえらばず、人々のために利益になるように手立てをめぐらすことである。たとえば、遠いまた近いさきざきのことまで見守って、他人を利するような手段を講ずるのである。……

しかるに、世の愚かな人々は、他人を利することを先にすれば、自分の利益がそれだけ駄目になるのだと思っている。だが、そうではないのである。利行とはそんな半端なものではない。あまねく自己をも他人をも利益するのである。むかしの人は、一たび沐浴するに三たび髪をゆい、一たび食事するに三たび口にいれたものを吐いたことがあったというが、それはひとえに他人を利せんとする心であった。よその国の者ならば教えないというのではなかった。

つまり、仇も味方もひとしく利すべきであり、自己をも他人をもおなじく利するのである。もしこの心を会得すれば、草や木や風や水にまで、利行がおのずから及ぶというものであって、それこそまさに利行というものである。ただひたすらに愚かなることはすまいと励むがよいのである。（同書、二九五―二九六頁）

道元のいう「利行」とは、「自利・利他」であるという。これまでの思想や人間論は、得てして自利と利他を二律背反的に考えていたと思う。天台宗で修行され、得度された作家の瀬戸内寂聴は、師匠で作家の今東光（一八九八年三月二六日―一九七七年九月一九日、天台宗僧侶）からよく「忘己利他《ぼうこりた》」と言われたので、ある随筆で「もうこりた」と冗談みたいに書いておられるが、己を忘れ、己を超えて他者を利するというのは、すばらしい慈悲の愛と思う。

けれども、こうした利他愛からは自然に自己愛が流れてくるならいいが、実際には、Ｅ・フロムも指摘しているように、過度な利他主義には深層心理学的には、自己憎悪が潜んでいることがあるという。やはり何事にも中庸や節度や調和を計る賢明さが大事なのではないだろうか。

最後に、道元は「同事《どうじ》」という。

同事というのは、違《たが》わざることである。自己にもそむかず、他者にもたがわず、たとえば、人間界にあらわれた如来は、人間界の住みびとにまったく同じたもうたごとくである。人間界にあれば人間界に同じたもうたのであるから、如来はまた余《ほか》の世界にあれば、その世界に同じたもうであろうと知られる。つまり、同事ということを知るとき、自も他もまったく一如なのである。

むかしから、琴《きん》・詩《し》・酒《しゅ》においては、人は、人を友とし、天をともとし、また神をともとするという。人が琴・詩・酒を友とすれば、琴・詩・酒は琴・詩・酒をともとし、人は人をともとし、天は天をともとし、神は神をともとするということともなる。これが同事のまねびである。たとえば、事《じ》というは、儀《ぎ・のり》であり、威《い・かたち》であり、態《たい・さま》である。他者をして自己に同ぜしめることは、同時に自己をして他者に同ぜしめることであろう。

自と他とは、時にしたがって、無限に交流するものである。『管子』にいわく、「海は水を辞せず、故によくその大を成す。山は土を辞せず、故によくその高きを成す。明主は人を嫌わず、故によくその衆を成す。」（後略）（同書、二九七―二九八頁）

愛徳があれば、布施をし、愛語を口にし、利行をなし、自他同事であろうとするだろう。が、道元がこの四項目を菩薩の態度・行為として表しているのは、迷いと煩悩で生きる衆生ではそれができないと見ておられたからではないだろうか。まず先に悟りを開いて、菩薩に成ることが大事だというのである。カトリック的に解釈すれば、すべては神の恵みであるから、まずそれを意識して、信仰と祈りと愛を抱き、それによって聖霊における父なる神と主キリストとの一致と交わりに参与するのである。こうして神の人になったならば、後は自己から脱出して、他者への奉仕に邁進すべきではないだろうか。

註

（1）ニュッサのグレゴリオス（三三〇頃—三九五頃）……カッパドキアの三教父の一人。聖人（記念日三月九日）。ギリシャ教父の伝統を継承する優れた哲学者、神学者であるが、また偉大な神秘家でもある。その思想的傾向は知性的神秘主義といわれる。小アジアのカッパドキア地方の都市カイサレイアに生まれ、兄のバシレイオスや姉のマクリナの薫陶を受けた。初め修辞学の教師を志したが、兄の推薦でニュッサの司教に挙げられた。アレイオス派との教理論争に参加し、一時、追放されるが、復帰し、三八一年には、ナジアンゾスのグレゴリオスとともに出席した第一コンスタンティノポリス公会議において、ニカイア信条のうたう三位一体の教理の確立に寄与した。彼は思弁的神秘家として優れていた。

（2）クレルヴォーのベルナルドゥス（一〇九〇頃—一一五三・八・二〇）……シトー会クレルヴォー大修道院長、神学者、神秘家。父はブルゴーニュ地方の城主。七人兄弟（六男一女）の三男。学校を出た後、一一一二年四月、兄弟・親族・友人三〇人とともに厳格な規律で知られるシトー会に入会（後に父も入会）。一一一三年修道誓願を立てる。一一一五年、院長によって一二人の修道士とともにクレルヴォーの森に派遣され、新修道院を建てる。やがて司祭に叙階され、大修道院長となる。以後、修道院の強化とともに、新修道院の設立に努め（生前約七〇に及ぶ）、祈りと観想、研究と執筆、修道士の養成に努めた。一一二六年以降、教会のさまざまな問題に関わる。特に、一一一四年、彼の愛弟子がエウゲニウス三世として教皇座に就くと、教会行政にも関わるようになる。一一四六年には教皇の委任を受け、第二回十字軍の派遣を呼びかける説教も各地で行い、大成功を収めた。クレルヴォーで病没。一一七四年列聖される。一二世紀が「聖ベルナルドゥスの世紀」と呼ばれるほど、その使徒的活動や神秘家としての深い霊性に基づく著述や説教は、抜きんでていた。最後のラテン教父として尊敬され、教会博士となる。神である花婿と霊魂である花嫁との神秘的婚姻、キリストと霊魂の霊的一致などを語る彼の神秘神学は、霊性神学の極地といえよう。

第2部　他宗派／修道会・他宗教の人の語る「愛」

愛の実践

奈良　修一

一　愛は重い

「君にとって愛とはどういうものですか」

「重いものです」

これは、神父様から問われた時の私の答えです。

何故かというと、何かを愛する時、単に愛するだけでは済まないで、それに対する責任が生じると思うからです。単に「愛する」と言えば良いわけではないでしょう。

例えば、犬を飼うとします。その時は、当然かわいがるのですが、単に可愛がれば良いというものではありません。躾もしなければなりませんし、毎日の食事の世話、散歩に連れて行き、大小の下の世話も必要です。

私自身犬を飼っていますので、よく分かりますが、下の世話はけして気持ちの良いものではありません。けれども、それは、犬を飼っている以上、必要なことです。しかし、毎日していますと、形や臭いで、その日の体調を知ることができるようになり、世話をすることにより、より深くかわいがることができ、犬も懐いてくれます。つまり、より深い関係を持続するには、それなりの努力が必要なのです。

愛の場合も同じだと思います。ただ、愛すれば良い、というものではありません。愛する以上、それなりの責任が問われてくるでしょう。その意味で「重いもの」と感じられるのです。

歴史的にも、愛という言葉を使って重要な発言がされました。一九五一年、サンフランシスコ講和会議の時、セイロン（今のスリランカ）の代表であった、J・R・ジャヤワルダナ[1]は、「憎悪は憎悪によって消え去るものではなく、ただ愛によってのみ消え去るものである」と発言し、大きな感銘を与えたのでした。

このサンフランシスコ講和会議は、第二次世界大戦における日本の行為に対する損害賠償などの問題が話され、日本との戦争状態を終結させるための会議でした。日本は戦争加害者として、多額の損害賠償の支払いや、厳しい経済的規制が課せられてもおかしくない状況でした。とくに、被害を受けたインドネシア、フィリピン、オーストラリアやニュージーランドなどは日本に対してかなり強硬な発言をしていました。

独立後初めての国際会議に出席したスリランカ、当時はまだ、「セイロン」という国名でしたが、この国の全権大使であったジャヤワルダナは、「セイロンにおけるわれわれは幸いにも侵略されませんでした。然しながら空襲や東南アジア軍の指揮下にある膨大な軍隊の駐とん及びわれわれが連合国に対して天然ゴムの唯一の生産者であった時われわれの主要商品の一つであるゴムを枯渇せしめたことによってもたらされた損害はわれわれに対してその賠償を請求する権利を与えるものであります[2]」としながらも、「憎悪は憎悪によって消え去るものではなく、ただ愛によってのみ消え去るものである」と発言し、日本への賠償請求権を放棄しました。

彼のスピーチは、大変な感動を与え、会議場が拍手喝采と歓声で満たされました。それだけでは無く、会議全体の雰囲気も変わり、日本への好意的なスピーチが増え、強硬な意見を述べていた代表も、そのトーンを落としたと言われています。

これは、実行を伴う「愛」の発言として重要な例だと思います。一国の代表として、経済的には不利になるにもかかわらず、倫理的な態度を貫いたことは忘れてはならない事実でありましょう。このように、愛は、実行をともなければ意味が無いと思いますし、その実行は簡単なことではありません。

先の引用は、もともと、『ダンマパダ』（法句経）という原始仏典にある釈尊の言葉です。[3]ジャヤワルダナは、英語で "Hatred cease not by hatred, but by love." としていますので、それを翻訳すると、「憎悪は憎悪によって消え去るものではなく、ただ愛によってのみ消え去るものである」となります。

しかし、インド学の権威であり、この経典を『仏陀の真理のことば　感興のことば』として訳された中村元博士[4]は、この箇所を「怨みに報いるに怨みを以てしたならば、ついに怨みの息むことがない。怨みをすててこそ息む」と訳されております。ここには、「愛」という言葉は入っていません。また、パーリ語の原文にも、「愛」に当たる言葉はありません。[5]英訳する時に「love」が使われたと思われます。

では、なぜ、もともと、「愛」という言葉が使われていないのでしょうか。仏教においては「愛」は「愛欲」などの意味で使われることが多く、必ずしも良いものと思われていません。例えば、先程の中村元先生の訳された『感興の言葉』には、次のようにあります。

愛欲に駆り立てられて人々は、わなにかかった兎のように、ばたばたする。束縛の絆にしばられ執著になずみ、長いあいだくりかえし苦悩を受ける。（感興の言葉3・6）

愛するものから憂いが生じ、愛するものから恐れが生じる。愛するものは変滅してしまうから、ついには狂乱に帰す。（感興の言葉5・2）

つまり、愛は、悩みの始まりと捉えられているのです。どちらかというと、マイナスのイメージが強い言葉なのです。NHKの大河ドラマで有名なった直江兼続[6]が「愛」の字の兜を被っていたことで有名になりましたが、これは、愛情の「愛」ではなく、愛染明王を表しているものです。愛染明王の密号は「離愛金剛」で、これは、「愛欲を離れ、菩提を成就する」という意味なのです[7]。

また、漢字学の権威である白川静先生によりますと「愛」という漢字は、「後ろに心を残しながら、立ち去ろうとする人の姿を写したものであろう」とされており、心残りである、後ろ髪を引かれる、という意味がもとのようです。ここにも、積極的な意味が見出されません。

二　いとおしむ「愛」

しかし、「愛」には、「愛しむ［イトオシム］」、［イツクシム］」という使われ方もあります。次に、その例を挙げます。

釈尊の時代の話です。当時のインドは十六大国の時代と言われ、幾つかの国に分かれていました。その中にコーサラという国があり、当時の王様はパセーナディー王といい、妃はマッリカーと申しました。

この二人が、テラスで休んでいる時、国王が、妃に、「お前にとって、この世で一番愛しい人は誰か？」と聞きました。王様としては「それは貴方様です」という答えを期待していたのですが、妃は「この世で一番愛しい人は自分です」と答えました。当然、王は鼻白みます。すると、妃は「では王様にとって、一番愛しい人はどなたですか」と聞き返してきました。暫く考えて、王は「それは自分である」と答えました。

この会話のあと、釈然としない国王は釈尊を訪れ、この話をしたのです。それを受けての釈尊が次のように答えました。

どの方向に心で捜し求めてみても、自分よりさらに愛しいものはどこにも見いだされない。そのように、他人にとってもそれぞれの自己は愛しい。だから、自分（を愛するために）他人を傷つけてはならない。（『ウダーナ・ヴァルガ』５・18）

ここでは、自然の理として、自分自身を愛おしむ、ということを認めています。つまり、誰もが自分が一番愛おしい、それだからこそ、人を傷つけてはならない、というのが釈尊の教えでした。

この考え方は、孔子の「己所不欲、勿施于人」（己の欲せざる所、人に施すことなかれ）（『論語』衛霊公）に相通ずるものでしょう。

三　愛の普遍性と実践

キリスト教においては、「愛」は重要なものとされていますし、この世は「愛」に満ちているとも考えられています。たとえば、

希望は失望に終ることはない。なぜなら、わたしたちに賜わっている聖霊によって、神の愛がわたしたちの心に注がれているからである。（ロマ５・５）

とありますし、また、

愛に居る者は神に居り、神もまた、彼に居給う。（一ヨハ4・16）

とあります。「愛は私たちを涵《ひた》している大宇宙の実在(8)」とされています。つまり、私たちは愛の中で生かされている、と言って良いのではないでしょうか。しかし、だからと言って、その事実を自覚しながら生きていかなければ、その愛は、存在しないことになるでしょう。

では、自覚的に生きるとはどういうことでしょうか。次のような話があります。

唐の時代、馬祖道一(9)という有名な禅僧が居りました。後の臨済宗・黄檗宗の基本を作った人でありますが、その弟子に麻谷宝徹(10)という禅師がおりました。

ある時、麻谷禅師が扇を使っておりますと、一人の僧が来て「風の性質は至る所にあり、いたらないところはないと言いますが、和尚さんは、なぜ扇を使うのですか?」と問いました。禅師は、「お前は、風性常住《ふうしょうじょうじゅう》は知っているが、いたらないところはないという道理を知らない」と言いました。僧は、「では、いたらないところはないという道理とは何ですか」と問いました。禅師は、黙って扇を扇ぎました。それを見て、僧は礼拝して去りました。(11)

これは、「風性常住」という有名な禅問答です。風のハタラキ、風性は何処にでも存在します。しかし、それが風としてハタラかせるには、人が扇がなければ風としてハタラキがでません。仏教のほうでは、仏性はどこにでもあるが、それをハタラかせるには、それぞれの人が扇を扇ぐように、自覚的に生きていく、つまり、修行をしていかなければならないと説いています。神の愛も同じだと思います。それぞれの人がハタラかせなければ、それは存在しないことになります。

それでは、どのような実践が必要なのでしょうか。

曹洞宗の開祖道元禅師[12]ですと、坐禅することが、そのまま、仏法に即した生き方であり、その上で、行住坐臥、全て仏法に即した生き方とすべきだと説かれています。しかし、これは、基本的に修行僧の生き方で、一般の人々に、すぐできるものではないでしょう。けれども、その精神を日々の生活に生かすようにすべきだと思います。

その点で、道元禅師は、人々のためになる行いがあることも説いています。禅師の著作である『正法眼蔵』の中に「四摂法」の巻がありますが、その中で、「衆生を利益する四枚の般若あり、一者《ひとつには》布施《ふせ》、二者《ふたつには》愛語《あいご》、三者《みつには》利行《りぎょう》、四者《よつには》同事《どうじ》」とあります。

人々のためになる行いが四つあり、布施、愛語、利行、同事だといいます。

まず、最初の布施ですが、この言葉は現在、お寺さんに出すお礼だけを布施と言いますが、本来は、「布《あま》く施《ね》す」という意味で、人々にものをあげることを布施と言います。もともと、インドの言葉、サンスクリットで「ダーナ（dāna）」といい、英語の give に当たる言葉です。このインドの言葉が音写され、「旦那」という「与えてくれる人」という言葉が使われるようになりました。

つまり、旦那さんが仕事をしてくれた職人さん達に支払うお礼も「布施」なのです。ですから、お檀家さんがお寺に出すのも布施ならば、社長が社員に出す給料も布施になります。そして、この布施は一方通行の関係ではありません。旦那さんは職人さんにお礼を出しますが、逆に職人さん達は仕事をしてくれます。お寺さんも法要を行い、仏教の理《ことわり》を説明します。社員も会社のために働いてくれます。相互に与え合うのが「布施」の本来の意味なのです。報酬がこれくらいだから、この仕事は、この程度で良い、という後ろ向き姿勢ではなく、精一杯やらせて頂き、ありがたく報酬を頂くという姿勢が必要です。道元禅師も

但彼《ただかれ》が報謝《ほうしゃ》を貪《むさぼ》らず、自《みずか》らが力《ちから》を頒《わか》つなり

と書かれています。さらに、「舟を置き、橋を渡すも布施の檀度なり」とあるように、経済行為も布施となります。

ご存知のとおり、道元禅師は十三世紀、鎌倉時代の人です。当時、旅行をするのは並大抵の事ではありません。川を渡るにも、渡し船や橋がなければ、旅人が濡れて渡らざるを得ません。そこに渡し船があったならばどうでしょう。その渡し賃が適正であれば、皆喜んで使います。旅人も濡れずにすみ、喜びますし、渡し船の人も儲かります。このように、お互いが喜ぶのが布施であります。それですので、「治生産業固《ちしょうさんぎょうもと》より布施《ふせ》に非《あら》ざること無し」と述べられて、経済活動全般も布施であるとされています。

この思想は、江戸時代の鈴木正三(13)にも受け継がれています。この人は、日本型資本主義の思想の元を作った人とも言われています。もともと、三河の武士で徳川家に使えていましたが、家督を弟に譲り出家した人です。基本的に曹洞宗の坊さんですが、「仁王禅」を提唱し、お念仏も唱えた異色の人です。

この方は、毎日が修行だと教えていたのですが、あるとき、お百姓さんがやってきて、正三に問います。

「和尚さんは、修行、修行と言いますが、私たちのように毎日田畑の仕事をしているものには坐禅などする時間がありません。」

すると正三は、次のように答えます。

「坊さんは坐禅修行に努めるが、それは僧侶の専門だからだ。農作業をする人には、その人なりの修行がある。それは、毎日の畑仕事が修行なのだ。田畑を耕す一鍬、一鍬が修行である。しかし、慣れてくると雑念がわいてくる。それでは修行にならない。そのようときには、なんまんだぶ、なんまんだぶと唱えながら仕事をしなさい。」

鈴木正三は『萬民徳用』という本を著し、士農工商のそれぞれが自分の仕事に打ち込むことが修行である、と説きました。これは、江戸時代を通じて多くの人に読まれました。

欧米が近代化に成功したのは、その根底にプロテスタンティズムの倫理があったと、マックス・ヴェーバー(14)はその著『プロテスタンティズムの倫理と資本主義の精神』で説明しています。日本で近代化が成功したのも、根底にこの道元禅師、鈴木正三の思想があったからだとされています。つまり、経済活動そのものが布施であり、人々のためになる行いである、という思想です。この考えは、近江商人の理念とされる「売り手良し、買い手良し、世間良し」の「三方良し」の考え方にも受け継がれています(15)。

道元禅師が人々のためになる行いの二番目のあげたのは「愛語」です。この言葉だけからすると、男女の間での言葉を表しているようですが、この「愛」は「いつくしむ」の意味ですので、男女に限らず、広く人々を慈しんで使う言葉を言います。

「愛語《あいご》といふは、衆生《しゅじょう》を見《み》るに、先《ま》づ慈愛《じあい》の心《こころ》を發《おこ》し、顧愛《こあい》の言語《ごんご》を施《ほどこ》すなり。慈念衆生《じねんしゅじょう》、猶如赤子《ゆうにょしゃくし》の懐《おも》ひを貯《たくわ》へて言語《ごんご》するは愛語《あいご》なり」とのべておりますとおり、人々に優しく接して使う言葉の事です。単に褒めるだけではなく、正すべきものは正すようにもいっております。ですが、それは、面と向かって非難するのではなく、「面《むか》ひて愛語《あいご》を聞《き》くは、面《おもて》を喜《よろこ》ばしめ、心《こころ》を樂《たの》しくす、面《むかわ》はずして愛語《あいご》を聞《き》くは肝《きも》に銘《めい》じ魂《たましい》に銘《めい》ず」とあるように、言葉自身はけしてきつくはないけれども、肝に銘ずるようにとされております。

それだからこそ、「怨敵《おんてき》を降伏《ごうぶく》し、君子《くんし》を和睦《わぼく》ならしむること愛語《あいご》を根本《こんぽん》とするなり。……愛語《あいご》能《よ》く廻天《かいてん》の力《ちから》あることを學《がく》すべきなり」と説かれたのです。相手の事を思いやりながら説く言葉は、敵を降伏させ、和睦させることができ、ひいては世界を動かすことになろう、というのです。逆を言えば、言葉の使い方を誤れば、敵を作り、紛争を起こすことになりかねません。

平成二十七年（二〇一五）年一月、パリのシャルリー・エブドーという出版社にイスラーム過激派のテロが行われ、十二人の命が奪われました。この後、「言論の自由を守れ」というデモも起き、騒然とした事はまだ記憶に新しいことと思います。

いかなる理由があれ、テロ行為で人の命を奪うことは許されることではありません。また、表現の自由は守られるべきです。しかし、シャルリー・エブドーの風刺画を見てみますと、あまりの感じの悪さに、この会社がいう「表現の自由」を支持するのにためらいを感じます。たとえば、平成二十三年三月十一日に起きた東日本大震災に関する漫画があります。ご存じの通り、東京電力福島第一原子力発電所が津波の被害を受けて、放射線漏れを起こしてしまったのですが、この事件を受けて、シャルリー・エブドーは漫画を描いています。真ん中の土俵を囲んで観客がおりますが、皆防護服に身を固め、ガスマスクをつけております。さらにその土俵に上がっている力士の一人は手が三本、もう一人は足が三本というものです。あまり、感じの良い絵とは思えません。

次に、有名なアメリカの歌手マイケル・ジャクソンを取り上げた絵があります。これは、マイケル・ジャクソンが亡くなったというニュースを受けて描かれたものですが、マイケルの頭の下に骸骨を書き、「彼もとうとう白くなりました」とあります。確かに、彼は黒人の生まれですが、何度も整形手術を受け、色も白くしていた事は有名です。しかし、彼の死後描かれたこの漫画には、亡き人を追悼するという意思が見えないどころか、死者を冒瀆しているとしか思えません。

確かに、表現の自由は守られるべきです。だからと言って、人を冒瀆し、侮蔑する言葉がそのまま許されるというわけではないと思います。

現にこの事件を受けて、フランシスコ教皇は次のように述べておられます。

「もし友人のガスバッリ氏が私の母のことをののしったら、パンチが飛んでくるだろう。それは普通のことだ。挑発してはならないし、他の人の信仰を侮辱してもならない。信仰をからかってはならない。……（表現の自由にも）限度はあるのです。[16]」

表現の自由という法律の問題と、人を侮辱しないという倫理的な問題は分けて考えるべきだと思います。逆に法律で許されているから何をしてもいいというわけではないでしょう。言葉も人を傷つける力を持っています。

それですので、仏教の開祖の釈尊も次のように述べられています。

「人が生まれたときには、実に口の中に斧が生じている。人は悪口を語って、その斧によって自分自身を斬るのである。」

（『感興の言葉　ウダーナ・ヴァルガ』第8章2、『経集　スッタニパータ』657）

「口中の斧」という比喩ですが、口の中の舌のことを言っています。舌を使って出した言葉、特に悪口がめぐりめぐって自分をも傷つけます。それだからこそ、大事に使えと説かれています。道元禅師の愛語も基本的に同じ考えです。人々のために物を与えるのが布施ですが、これを言葉で布施するのが、愛語です。

三番目の利行というのは、今度は、行いで人々に与えるものです。今の感覚で言えば、ボランティアがそれに当たると思います。人々のための行いを行っていると自分が損するように思われてくることがあるでしょう。しかし、そうではないのだと、道元禅師は次のように言われます。

「利行《りぎょう》は一法《いっぽう》なり、普《あまね》く自佗《じた》を利《り》するなり。」

利行とは、法の実践なのであり、他人だけでなく、自分にも利するものだというのです。

四番目の同事というのは、布施、愛語、利行の基本となるものです。人にものをあげるときも、多すぎたりすれば、逆にその人のためになりません。また、言葉も相手のために言ったつもりでも、逆に傷つけてしまったなどのことは、皆様にもご経験のあることだと思います。また、人々のための運動としても、昔「小さな親切運動」というのがありましたが、

「小さな親切、大きなお世話」と揶揄されていたことがあります。

相手のことを考えずに自分勝手に善意を押しつければ、それは相手のためにならず、単なる自己満足に過ぎません。同事というのは、「相手の身にたって」という事なのです。これは、なかなか難しいことだと思います。

平田オリザ氏の本に『わかりあえないことから』（講談社現代新書）という本があります。コミュニケーションを始めるには、お互いわかるだろうから始めるとうまくいかず、わかりあえないことを前提にした方が、逆にうまくいくというのだそうです。つまり、わかりあえていれば、問題は起きません。わかりあえないから問題が起きるのです。それを「わかりあえる」と誤解するところから齟齬が生じると言います。

この「同事」も、相手の身になる、というよりも、「自分の考えを相手に押しつけない」と理解した方が良いかもしれません。しかし、それは、理解し合わない、ということではありません。

昔、テレビでのドキュメンタリーでゴリラの子供の事を放映しておりました。

ある動物園の話ですが、雌ゴリラが子供を生みましたが、うまく育てられません。生命の危険があったものですから、飼育員が代わりに育てました。無事に成長しましたが、人間と生活し、ゴリラと生活していなかったものですから、群れの中に入ることができませんでした。そこで、この子供ゴリラと群れのボスゴリラを一緒の檻に入れました。

子供ゴリラは、大きなボスゴリラを見ておびえます。その様子をいたボスゴリラは、身をかがめて、目の高さを同じにし、ゆっくり近づき、子供ゴリラをあやします。次第になれてきた子供ゴリラは、ボスゴリラと一緒に遊べるようになりました。ボスゴリラは、この子供ゴリラと一緒に遊びながら、少しずつ群れのルールを教え、最後にはその子供ゴリラが群れの中に溶け込むことができたそうです。

私の師匠は、このドキュメンタリーを見て、「これが同事のあり方だ」と教えてくれました。上からの押しつけでなく、目の高さを同じにし、一緒に遊びながら伝えていくべきことを伝える。人間でもなかなかできないことです。

布施・愛語・利行の人々のためになる行いをする時、自分勝手に行えば、それは自己満足であり、時には人を傷つけます。そうならないために、同事という、相手の事を考えることが必要となるのです。

四　熟し

この人々のための行い、仏教では慈悲の行い、慈悲行と言いますが、この慈悲行の実践は、初めからうまくいくとは限りません。なかなか思うとおりにはいかないものだと思います。それでは、どう考えていけば良いのでしょうか。次に挙げた江戸時代中期の臨済宗の僧である至道無難禅師(17)の言葉が参考になりましょう。

物に熟する時あるべし。(例へばいろはをならう時、次第に自由自在に書けるようになるのは)いろはの熟するなり。……慈悲も同じ事也。じひするうちは、じひに心あり。じひじゅくする時、じひを知らず。じひしてじひを知らぬ時、仏という也。

(『無難仮名法語』)

字を書くとき、最初は、一字一字形を覚えながらならっていきます。それを繰り返すうちに、自然と字をかけるようになります。これが熟する時なのです。同じように、何かを行うとき、最初からうまくいくはずがありません。何度も繰り返していくうちに、身につき、自然とできるようになります。そのためには、意識的に繰り返していかなければならないでしょう。

愛の実践も同じだと思います。人々のためになる行いは、様々ありますが、自分なりに人のためになるように行為し、話をしていかなければなりません。当然間違いも犯すでしょう。その間違いを改めながら、より良いものとしていくことが必要なのではないでしょうか。仏教ではこれを修行と言います。修行とは、何か特別なことをすることを言うのではありません。日々の日常を当たり前、当たり前に生きていきながら、人々にためにも生きていくことなのです。逆に、愛を実践していくということは、何か特別にすることでは無く、毎日の積み重ねが必要だと言うことになりましょう。

五　日日の生命

このような人々のためになる行為を行いながら、毎日をきちんときちんと生きていくことが、与えられた命を十全に生かすことになるかと思います。

道元禅師の言葉があります。

今《いま》の見佛聞法《けんぶつもんぽう》は佛祖面面《ぶっそめんめん》の行持《ぎょうじ》より來《きた》れる慈恩《じおん》なり、佛祖《ぶっそ》若《も》し單傳《たんでん》せずは奈何《いか》にしてか今日《こんにち》に至《いた》らん。一句《いっく》の恩《おん》尚《な》ほ《お》報謝《ほうしゃ》すべし、一法《いっぽう》の恩《おん》尚《な》ほ《お》報謝《ほうしゃ》すべし、況《いわん》や正法眼蔵《しょうぼうげんぞう》無上大法《むじょうだいほう》の大恩《だいおん》これを報謝《ほうしゃ》せざらんや。病雀《びょうじゃく》尚《な》ほ《お》恩《おん》を忘《わす》れず三府《さんぷ》の環《かん》能《よ》く報謝《ほうしゃ》あり、窮龜《きゅうき》尚《な》ほ《お》恩《おん》を忘《わす》れず餘不《よふ》の印《いん》能《よ》く報謝《ほうしゃ》あり、畜類《ちくるい》尚《な》ほ《お》恩《おん》を報《ほう》ず、人類《じんるい》争《いかで》か恩《おん》を知《し》らざらん。

其報謝《そのほうしゃ》は餘外《よげ》の法《ほう》は中《あた》るべからず、唯當《ただまさ》に日日《にちにち》の行持其報謝《ぎょうじそのほうしゃ》の正道《しょうどう》なるべし、謂《いわ》ゆるの道理《どうり》は日日《にちにち》の生命《せいめい》を等閑《なおざり》にせず、私《わたくし》に費《ついや》さざらんと行持《ぎょうじ》するなり。光陰《こういん》は矢《や》よりも迅《すみや》かなり、身命《しんめい》は露《つゆ》よりも脆《もろ》し、何《いず》れの善巧方便《ぜんぎょうほうべん》ありてか過《すぎ》にし一日《いちにち》を復《ふたた》び還《かえ》し得《え》たる。

いま、仏様の教えに接することができるのは、釈尊以来のお祖師様方が修行を続けてきて下さったお陰である。このご恩に報いなければならない。病で苦しんでいた雀や、救われた亀でさえも恩返しをしている。ましてや人類が恩を知らないことがあって良いだろうか。

それでは、どのような恩返しをしたならばよいのであろうか。それは、毎日の行持、修行を続けていくことが恩返しの正しい道である。いわゆる道理は、毎日の生命を無駄にしないことである。

これは、『正法眼蔵』の「行持」の巻にあり、そこから『修証義』にひかれている部分です。意味は改めて説明するまでもないでしょう。毎日の修行が、釈尊以来の教えを受けられることに対する最大の恩返しである。それだから、毎日の生命を無駄にしないようにしなさい、という大変わかりやすいものです。

ここで問題なのは、本文の「光陰は矢よりも迅かなり」という部分です。これは、よく「光陰矢の如し」として使われています。私なども、中学・高校の時、学校の先生は、脅し文句として使っていたことを覚えています。そのため、未だに好きになれない言葉です。

今は、教員もしておりますので、先生方が入試の前に、この成句を使って、「光陰矢の如し、だ。少しでも怠けると受験に失敗するぞ。勉強に専念しろ」と学生に言う気持ちはよく分かりますが、言われた時は、その通り、と思うよりも、「勉強だけしろ、と言われても無理だ。食事もしなければならないし、睡眠だって必要じゃないか」と反発したものです。

どうも、この成句は、勉強や仕事だけに専念しろ、という時に使われているようで、誤解を受けやすいのではないかと思います。

今は、いろいろな生活パターンがありますが、一般的なパターンは、次の通りでしょう。

朝起きて、顔を洗い、食事をして、お手洗いに行き、学校に行って勉強するか、会社に行って仕事をします。お昼になると昼休みがあり、食事をし、休み時間が終わると、午後の勉強や、仕事をします。帰宅して、夕飯を食べて、風呂に入り、寝ます。

大変に一般化したパターンですが、この中で、どれか無駄なものがあるでしょうか。朝起きなければなりませんし、顔を洗った方がさっぱりします。食事を取らなければ人間は生きていけませんし、食べるものを食べたならば、お手洗いで出すものを出さなければ、病気になります。その上で、勉強や仕事をするわけですが、やはり、休息を取らなければなりません。風呂に入った方がよろしいですし、何よりも人間は寝なければ体を壊します。つまり、毎日の生活で不必要なものは何もないのです。全て必要です。

しかし、学生の時、よく怒られたように、勉強する時間に遊んでいれば、「何をやっている、時間を無駄にするな」と言われます。その通りです。勉強の時は勉強しなければ時間を無駄にします。では、遊んでいる時に、仕事のことを考えたら、どうなるでしょうか。「真面目だ」などと言わないで下さい。遊びの時に、仕事のことを考えるのは、勉強の時に、遊びのことを考えるのと同じように時間を無駄にしているのです。確かに、社会人になりますと、何か別のことをしている時に、仕事のことがふと頭をよぎることができます。それでも、遊びの時には遊びに集中して始めて、その時間を十全に生かすことになります。

つまり、仕事の時は仕事に専念し、遊びの時には遊びに専念し、食事の時には食事に専念する。これが、本来の意味で「日日の生命を等閑にせず」ということになりましょう。

逆をいえば、仕事さえしていれば良い、勉強さえしていれば良い、ということにはならないのです。

道元禅師は、『典座教訓《てんぞきょうくん》』を著しています。典座《てんぞ》とは、禅宗の寺院で、料理をつくる人を言います。これは、大事な役職で割とご年配の方がなるものです。というのも、修行をしている雲水さんや他のお坊さん方の食事を作り、無事に修行を続けられるようにするためのものですから、下働きのものには任せられないと考えられているからです。

道元禅師が船で宋に渡り、寧波に着いた時、なかなか上陸が許されませんでした。この時に、阿育山から来た典座を務める老僧が、椎茸の買い付けに、その船に乗ってきました。道元禅師はこの老僧に声をかけて、お茶をふるまいました。その老僧との会話は以下のようでした(18)。

道元「今日は思いがけず、こうしてお会いして、船の中でお話することができました。これも何かのよいご縁です。私が典座さまに一つ供養いたしましょう。今日はどうぞお泊まりになっていってください。」

典座「それはできません。明日の供養は、私がいたしませんと、できませんから。」

道元「でも、お寺にはほかにも炊事をしている人はいるのでしょう。あなた一人くらい不在でも、そんなにお困りのことはないでしょう。」

典座「私は老年にして、今の典座の役につきました。これは老年になってからの修行です。どうして他人にこの修行を譲ることができましょう。それに、来る時に一泊するという許可も得て来ませんでした。」
道元「あなたは、それなりのお年なのですから、どうして坐禅したり古則公案を学んだりしないで、煩わしい食事係を引き受けて、一生懸命にお働きになるのですか？何かよいことがあるのですか？」
典座は大笑いして言った。
典座「外国のお人よ、あなたは未だ辦道（修行）とは何かということが分かっていないようだ。文字（言葉）とは何かということもご存じないようですな。」
道元は突然、恥ずかしくなり、また驚いて、さらに質問した。
道元「それでは、言葉とはどういうことなのでしょうか？（如何是文字？）修行とはどういうことなのでしょうか？（如何是辦道？）」
典座「ん……。今、あなたが質問したところを間違わなかったら、あなたはすでに道を得た人なのですが……。」
道元は、典座のこの言葉の意味が全く分からなかった。
典座「もし、まだお分かりにならないのなら、後日、阿育王山においでなさい。その時に、言葉とは何か、修行とは何かということを考え合ってみましょう。日がくれてしまう。もう行かなくては。」

と云って、典座は足早に帰って行った。

この経験から、道元禅師は、当時、多くの人が思っていたような料理を作るなどとは、下働きの卑しい仕事という考えに反対し、日々の食事が如何に大事であり、それをつくる典座の仕事が如何に尊いのかということを知らしめるために『典座教訓』を著したのです。

日々のすべきことは、とくに変わったことはありません。当たり前のことです。しかし、その当たり前のことを当たり前にすることが、まさに、「日日の生命を等閑にせず」と言うことなのです。

唐の時代、白居易[19]という有名な詩人が居りました。坐禅もし、仏教の造詣も深い人でした。ある時、鳥窠道林[20]という禅僧に尋ねました。

白居易「仏教の根本の教えは何ですか」

鳥窠道林「諸善奉行、諸悪莫作（良いことをし、悪いことをしない）」

白居易「その様なことは三歳の童子でも知っています」

鳥窠道林「三歳の童子でも知っていることを、八十歳の老人がちゃんとできていますか」

言葉で知っていることと、それを実行することは全くの別物です。宗教的な真実を生きるということは、言葉を知っているのではなく、それを毎日実践することです。宗教的真実を実際の生活にハタラカせることでしょう。

言葉で言うのは簡単です。それを毎日の生活で、実際に行うこと、それこそが、重要なことでありましょう。仏教的に言うならば、仏法に即した生き方をすることになりますし、キリスト教的に言えば、神の愛に満たされた日常を感謝しつつ生きること、といって良いかと思います。

あるキリスト者が書かれた通り、「愛は私たちを涵《ひた》している大宇宙の実在」です。言い換えれば、この世は、「愛」に満ちあふれています。それを実感して生きていくか、それとも、私に関係ないものとして生きていくか、は、それぞれの人の生き方に関わります。

日本語において「愛」は、やはりこなれている言葉とは思えません。アメリカでは、毎日、ご主人が奥さんに、「I love you」と言わないと、離婚される、と言われています。日本で、それをやれば、「何か悪いことでもしたの」と言われるのが関の山です。

しかし、お互いに思いやる気持ちをもち、少しでも、良い世界を作るよう努力することは必要だと思います。

中村元先生は、その著『温かな心』の中で最後に書かれています。

「理想の世界をわれわれはめざさなくてはいけない。……人を損なわない、傷つけないという教え、これを仏教では不殺生という。……生きとし生けるものを傷つけないという温かな理想です。」

これこそ、愛の究極の姿ではないでしょうか。

註

(1) ジュニウス・リチャード・ジャヤワルダナ (Junius Richard Jayewardene, 1906-1996)。
(2) 外務省(訳)[1951: 141-142] より引用。旧漢字・旧仮名遣いは新漢字・新仮名遣いに直した。
(3) 『ダンマパダ』1-5.
(4) 中村元(なかむら　はじめ、一九一二―一九九九)。

（5）パーリ語の原文を参考のために引用しておきます。
na hi verena verāni sammantīdha kudācanaṃ
averena ca sammanti esa dhammo sanantano
（6）直江兼続（なおえ　かねつぐ、一五六〇―一六一九）。
（7）『密教大辞典』。
（8）手島郁郎『聖霊の愛』、二四頁。
（9）馬祖道一（ばそ　どういつ、七〇九―七八八）。
（10）麻谷寶徹（まよく　ほうてつ、生没年不詳）。
（11）道元『正法眼蔵』「現状公案」。
麻谷山宝徹禅師、扇を使うちなみに、僧きたりて問う、

「風性常住、無処不周なり、なにをもてかさらに和尚扇を使う」。

師いはく、「なんぢただ風性常住をしれりとも、いまだところとしていたらずといふことなき道理をしらず」と。

僧いはく、「いかならんかこれ無処不周底の道理」。

ときに、師、扇を使うのみなり。

僧、礼拝す。
（12）永平道元（えいへい　どうげん、一二〇〇―一二五三）。

(13) 鈴木正三（すずき　しょうさん、一五七九―一六五五）。
(14) マックス・ヴェーバー（Max Weber、一八六四―一九二〇）。
(15) この「三方良し」の言葉が広まったのは昭和になってからのことだと言われています。
参考：『三方よし』第36号。
(16) http://www.cnn.co.jp/world/35059092.html
(17) 至道無難（しどう　ぶなん、一六〇三―一六七六）。
(18) 以下の会話は、角田泰隆『道元入門』（角川ソフィア文庫）より引用。
(19) 白居易（はっきょい、七七二―八四六）。
(20) 鳥窠道林（ちょうか　どうりん、七四一―八二四）。

神の愛に包まれたわが音楽人生

内山　節子

はじめに

「ヤマハ音楽教室の仕事をしてみませんか。あなたには向いているようだから」と声をかけて下さったのは、ピアノをずっと指導していただいていた長崎のミッションスクール・活水女子短期大学音楽科の大塚和子先生であった。活水女子高等学校を卒業後、当時最先端の幼児教育を誇る西宮市の聖和女子短期大学に入学。卒業を前に長崎の友愛社会館に就職が決まり長崎に戻って四年後の一九六三（昭和三八）年のことであった。

開設以来、五〇〇万人の子どもたちを世に送り出してきたというヤマハ音楽教室は、一九五四（昭和二九）年、東京支店（現ヤマハ銀座店）に講師三名、生徒一五〇名の「実験教室」から始まり、「ヤマハオルガン教室」となり、今の「ヤマハ音楽教室」の名称となったのは一九五九年であった。したがって、ヤマハ音楽教室の黎明期からその音楽普及活動に関わって、半世紀以上ということになる。しかし、今年（二〇一五年）、八十歳を迎えて改めて自身の人生を振り返ってみた時、ヤマハとの関係はもっとずっと昔からのものであり、私の音楽人生そのものが神様のご計画のうちにあり、導かれて来たものであったことに今さらながら気づかされ、深い感謝と喜びに満たされているのである。

音楽・そのなれそめ

私は上海で生まれ、育った。その家には、物心ついた頃からヤマハのオルガンがあった。サイドに彫られた黄色い花柄を今でも鮮明に覚えている。当時の日本からは想像もつかないインフラも整備された国際都市・上海での暮らしの中で、オルガンはさして珍しいものではなかったかもしれないが、母親が鍵盤楽器に興味を持っていたのは確かで、簡単な童謡を母は両手で弾いていた。私も何となく覚えて真似をしていたので、そういう意味では音楽の手ほどきはまず母だったと言えるだろう。

戦時中のこと、上海第一国民学校では、敵国の音楽は敬遠され、心ある教師も、〝ハホト、ハヘイロニト〟と日本語でハーモニーを教えていた。学校が遠いと空襲で危険だということから近くの第六国民学校に転校を余儀なくされ、やがて、敗戦。日本人は一所に集められた。ある日、早朝に起こされた私は、船に乗れといわれ、そのまま一週間船にいて、博多に上陸。その後、汽車で母の故郷・長崎に着いたのは、間もなく小学校五年になるという一九四六年二月であった。本格的に落ち着いてピアノを始めたのは、それからである。

小学校は上長崎小学校だった。クラスの友人の紹介で、小学生の私は市内の音楽研究所の教室に通うようになった。その一ノ瀬克己音楽研究所でまず最初に出会ったのが、今も活躍中の美輪明宏氏（当時は丸山臣吾）であった。〝しんごちゃん〟と皆言っていた。美しいボーイソプラノでモーツアルトの子守歌を歌っていたのが印象的だった。ピアノの先生は渡辺芳子先生で、短大になる前の活水女子専門学校音楽科でピアノを専攻しておられた。後に一ノ瀬夫人になられる方である。

この教室では、待ち時間の間に先輩のピアノや歌を聴いて憧れたり、また覚えたりできたのが、大変な刺激になった。読譜力より聴音力が先行し、先輩の弾いている曲はどんどんそらで覚えた。今から思えば、楽譜が読める前に全部耳コピーできていたことが、後のヤマハの音楽普及活動に取り組む要因の一つになっていたのかもしれない。

教室では発表会には歌唱曲はもちろんたくさん演奏されるし、その伴奏もさせていただけた。当時流行して川田正子・孝子姉妹が歌った「みかんの花咲く丘」や、「さざんかの歌」のような童謡である。私も小さい人たちの伴奏をさせていただけたのが合わせものの最初の体験だった。

活水学院での日々

当時は六・三制の教育が始まったばかりで、中学校で男女共学というのはまだ抵抗が強かった。このような時代背景もあってか、急上昇したのが外国人宣教師のいるミッションスクールである。

長崎には、一八七九（明治一二）年にアメリカ人の女性宣教師であるエリザベス・ラッセルによって開設された活水学院というメソジスト系のミッションスクールがあるが、母は「耶蘇教だからね！」と躊躇していた。しかし、英語をしっかり勉強する約束で、私は活水中学校を受験した。すでに活水卒業の従姉たちもいたし、五年生にはまだ一人が在学していたので、私には違和感はなかった。

活水では、毎朝の礼拝で数多くの讃美歌を歌った。間もなくＹＷＣＡに誘われ、顧問の今は亡き吉村ハルヱ先生に出会った。私のキリスト教入門の第一の導き手である。学院の指導で、吉村先生も会員である日本キリスト教団・長崎銀屋町教会へ通うようになり、中学三年の初夏、洗礼を受けた。この時の牧師は、今も九十五歳で現役牧師（吹田市・千里ニュータウン教会）の東道男先生である。先生はまだ按手礼前で、銀座教会の三井勇牧師がわざわざおいで下さり、洗礼をさずけて下さった。吉村先生、東先生は、お二人とも大変厳しく、私の信仰の礎を築く確かな道標であり、私の人生で一番大切な、人生の師と仰ぐ方々である。ＹＷＣＡでは、キリスト教を基盤とするリーダーシップ・トレーニングを受け、教会では、その裏付けとなる信仰の在り方を教えられた。先生方との出会いも神様のすべてのご計画の内であったと思っている。

讃美歌は機能和声の基本である。毎朝の礼拝で選ばれる聖句とそれに基づいた讃美歌。そのような讃美歌の歌詞の意味を捉え、言葉の一つ一つを受けとめて歌ううちに、ある時は慰められ、ある時は戒めと思え、ある時は諭され、励まされ、大切な頼りどころとなった。そのうちに讃美歌の伴奏を、学院でも、教会でもまかされるようになった。

オーガニストは指揮者を兼ねるものであると先生方に教えられた。

オルガンによる伴奏で会衆が前奏を聴いて歌う気持ちを整え、揃って歌い出してほしい。テンポキープ、会衆に迎合せずインテンポで歌えるよう促さねばならない。礼拝における牧師のその日の意図に添い、讃美歌の歌詞の意味を捉え、一同が心を一つに神様を心の底から讃美し、歌い易いよう支えなければならない。私なりに考えて工夫し、試行錯誤した。後に先輩から「讃美歌の伴奏、うまくなったね！　歌い易いよ」と言われた時は嬉しかった。

活水では、音楽の教師でアメリカ留学から帰られたばかりの高原（後の大塚）和子先生と、後に国立音楽大学教授となられる中村佐和子先生と出会い、ご指導いただいた。私の音楽人生に最大の影響を与える存在として神様が用意して下さった方々である。

音楽人生の始まり

高校三年生となり、進路選択の時期に入った。当時、家庭の複雑な事情があって進学をあきらめていた。中村佐和子先生は私に歌も指導して下さったのだが、生徒を四人まわすからアルバイトをして短大の音楽科へ行くようにと熱心にすすめて下さった。〝資格もないのにアルバイト？〟と私は不思議だった。とてもそんな勇気はなかった。

被爆地・長崎の、とくに原爆中心地近くに平和を祈念する教会と、戦災で疲弊の中にある人々のために仕える施設を建てることを願ったアメリカメソジスト教会ＷＦＭＳ（婦人外国伝道協会）の熱い祈りと物質的援助によって友愛社会館が設立されたのは、一九五一年であった。こうして、グループワーク部、福祉および保健部（診療所）、幼稚園部（乳幼児保育と幼稚園）、社会および宗教教育部、クリスチャン・チャペルなどの社会活動が、原爆の焼け跡がまだ残っている小高い丘に挟まれた浦上川にそそぐ小さな川のほとりで始まったのだが、この友愛社会館の友愛幼稚園がクリスチャンでピアノが弾ける人を助手に、と学院に問い合わせて来た。渡りに船、と応募したが、なぜか学年主任はピアノの弾けないクリスチャンの友人を推薦したのであった。

私は人と競争大嫌い。お先にどうぞ、の口で、どちらかと言えばノンビリ、ボンヤリ型なのであるが、このような不条理を仕掛けられると目が醒める。〝アシスタントでなく、ちゃんと資格を取るぞ〟と私は一大決心をした。そうすると道は開けて来るものである。活水学院院長のカロライン・S・ペカム先生がアメリカ男子ミッションの奨学金を一名分採ってお られた。この奨学金は、アメリカの男性信仰者が、たとえばお昼のデザートやコーヒーを少し我慢して献金したものが全米で集められ、何人分かの奨学金となったものである。ここで私は初めて寄附の文化に触れて多くを学ぶことになるが、この奨学生として、当時日本で最先端の幼児教育・保育で名高い聖和女子短期大学（前身はランバス女学院、現在は聖和短期大学）に私は入学した。

聖和で出会ったのは自由保育、すなわち後のキリスト教保育であった。一斉に活動、作業するのでなく、一人一人の個性や発達を大切に認めながらそれぞれの進度に応じてプログラムを構成し、全体の中で個が輝くように指導する。この考え方は、後にヤマハのグループレッスンの中でも私が一番大切にし、またエネルギー源になっているところである。幼児教育が学べると張り切って入学した聖和では、幼児音楽、とりわけピアノの指導をどんどしていただけたので、ピアノばかり弾いていたような気がする。スイスの作曲家・音楽教育家のダルクローズの考え方と思われる独自のリトミック指導があったが、これも名曲をたくさん利用した。したがって、ピアノを弾く機会には非常に恵まれた。

話はもどるが、聖和女子短期大学へ行くと決まった時、先のＹＷＣＡ顧問の吉村ハルヱ先生は、せっかくなら他にはない宗教教育科へ行くように、と熱心にすすめて下さった。何人かの意地悪な先生方の顔を思い出した私は、おそらく宗教教育を学べば学院に戻されるのではないかと恐れ、師の恩には報い切れなかった。後に吉村先生は五十歳を越して東京神学大学に入学されたと伺った。英文科卒とは言えども、七、八か国語を学び、ハードなカリキュラムの東神大での五十を越しての日々は、我が身をむち打たれてのものではなかったか、と天国の先生には今もなお大きな借りを作ったままである。ちなみに吉村先生が私を高校から送り出す時に下さった聖句は、「人もし我に従い来らんと思えば己を捨てて己が十字架を負いて我に従え」（マコ８・34）だった。創設者ラッセル先生がかつて校庭に植えた楠が大木となった、その枝をスライスしたチップに記されたこの聖句は座右の銘として、今も己を戒めるものとなっている。

さて、卒業後の就職は誰よりも早くに決まった。十一月には友愛社会館二代目館長のエリオット・シャイマー先生が、他に決まらないうちにと聖和に迎えにこられた。奨学生として二年間聖和女子短期大学に学んだので、二年ミッション関係に勤めてほしい、ということであったが、私は四年あまり友愛社会館のお世話になった。最初の一年は友愛幼稚園であった。当時は珍しい三歳児七名を受けもち、二年目からは、グループワーク部に転じ、いろいろなグループを企画したり、自らもリトミックや歌唱指導、ピアノその他を行った。また、銀屋町教会の教会員で、後に長崎市近郊に時津こばと保育園を創設した故・嘉村倫子さんの聖和入学の指導もさせていただいた。そして、一九六三年、大塚和子先生にヤマハ音楽教室を紹介していただいたのだった。

当時、先に述べたようにヤマハ音楽教室は黎明期で、いろいろな専門家がテキスト作りをしている段階だったが、一応、試験は受けた。九州は、宮崎大学を出た方が中心となり、それに武蔵野音楽大学を卒業した方がゾロッと試験官として並び、テストはピアノ、聴音・書き取り、口頭試験などだったが、それほど大変なことではなかった。首尾よく入れていただいた私は、長崎では四年あまり、発展途上、手さぐり時代のヤマハ音楽教室に従事した。

一九六八（昭和四三）年に末妹が国立音楽大学に入学。それと同時に私も長崎を後にし、横浜に移動することにした。当時ヤマハは独自の教室システムを立ち上げるべく模索していた。一九六六年には「幼児・児童・青年及び成人各層のために、豊かな人間性涵養の基盤となる音楽に関する教育活動の基礎的諸問題を探求し、また、その普及を推進して広く社会教育の振興に資するとともに、あわせて我が国及び諸外国における音楽文化の向上に寄与すること」を目的に財団法人ヤマハ音楽振興会が設立され、教育システムの基礎を作るべく、職員は希望に燃え、また、財団理事長の日本楽器製造株式会社（現㈱ヤマハミュージックジャパン）社長・川上源一氏は音楽普及の思想などを本にまとめ、すべての人に音楽する機会作りに熱心だった。

私はB地区の九州からA地区へ移動ということで、秋に実施されるヤマハ音楽能力検定制度（ヤマハグレード）の試験を必ず受けることを約束させられ、本や文具が専門の株式会社・有隣堂というヤマハの特約店がやっている店へ配属になった。最初の年は週に五日間五会場である。長崎とは違い交通の便は良いといっても、神奈川県内は行動範囲が広く、くたびれる。しかし、一年にクレームなどで五回も先生が代わり六人目という所もあったが問題もなく、また、講師の多くは十歳くらい若い人たちだったが、違和感なく存在している不思議な人ということで、私は研修スタッフを依頼された。ここがスタートで本格的に私のヤマハ人生が始まる。

教育システムとしてのヤマハ音楽教室

今では全国どこにでもあるヤマハ音楽教室であるが、それは、一九五三年、日本楽器製造株式会社（現㈱ヤマハミュージックジャパン）に就任したばかりの川上源一氏の欧米視察旅行に端を発した。街角には音楽が流れ、行く先々の家庭でも音楽の演奏で歓迎してくれるという欧米の人たちの、音楽を心から楽しみ、身近なものとする生活に心打たれた川上氏は、日本でも上手に演奏するだけでなく、音楽を楽しみ、楽器を演奏することで自己表現も楽しめるように、と幼児期の音楽教育に着目し、先にも述べたように一九五四年に銀座に「実験教室」を開いた。そして、世界中から音楽の指導書や育児書を取り寄せ、教室の子どもたちの反応を観察した。また、日本を代表する芥川也寸志、諸井誠、中田喜直の作曲家から、安川加寿子、小林仁という一流のピアニストを抱え、ノウハウを得た。これを元に独自のメソッドを作り上げていった。

聴覚が発達する幼児期に、楽しみながら音感を磨き、基礎的音楽能力を身につけるカリキュラムやレベルに応じたコース設定により順次ステップアップしながら一貫した音楽教室を目指す「総合音楽教育」としてのシステムが考案された。その年齢に適した指導法を行う

「適期教育」、最大十名くらいまでのグループで学び、アンサンブル（合奏）することによって、子ども同士が遊びの延長として音楽を楽しみながらみんなで音楽を作り上げていく達成感を味わうという「グループレッスン」を三本柱に、その教育メソッドは完成。これに「幼児期の親のレッスン参加」も合わせて今のヤマハ音楽教室は出来上がった。

二〇一四年、このような〝ヤマハ音楽教育システム〟は、「戦後日本のイノベーション一〇〇選」（公益社団法人発明協会）の第一回発表の三十八イノベーションに、新幹線や内視鏡、家庭用ゲーム機・同ソフト、発光ダイオードなどと共に選ばれ、「経済的な活動であって、その新たな創造によって、歴史的社会的に大きな変革をもたらし、その展開が国際的、或いはその可能性を有する事業。その対象は発明に限らず、ビジネスモデルやプロジェクトを含み、またその発明が外来のものであっても、日本で大きく発展したものも含む」（発明協会のイノベーションの定義）ものと高い評価を受けた。ソフト事業として公文式教育法と並び「戦後日本のイノベーション一〇〇選」に選定された〝ヤマハ音楽教育システム〟に興味をもったミズノスポーツライター賞受賞のジャーナリスト・吉井妙子氏によって、『音楽は心と脳を育てていた――ヤマハ音楽教室の謎に迫る――』（日経ＢＰ、二〇一五年）が最近世に出たばかりであるが、吉井氏は、ヤマハ音楽教室が一流音楽家だけでなく、トップアスリートや芸術家、医師や弁護士や企業経営者など社会で活躍する多くの人たちを輩出している理由を、関係者のインタビューに限らず脳科学者への取材も含めて解き明かし、ヤマハの教育システムが人材を育成するソフトとして優れたものであることを詳細に述べている。

吉井氏のこの本は、その黎明期からヤマハ音楽教室に関わり、音楽普及に無我夢中の日々を送ってきた私にとって、教育システムとしてのヤマハを振り返り、再認識する格好の機会となったが、同時に、音楽教育と共に人を育てるヤマハ教育システムにとって改めて私たち講師の存在が大きいことにも気づかされた。

ヤマハでの音楽人生

私たち講師の組織での位置付けは独立事業主で社員ではない。しかし、生徒にじかにふれ、一番身近に影響を及ぼす講師には、手厚くものすごい勉強、そして研修の機会が与えられた。現在は、全国の新人、五年次、十年次を迎える講師が一堂に会する研修、またネット研修やレッスン見学研修、アドバイス研修、フォロー研修などが行われているようだが、その音楽教育の基盤となるカリキュラムは、鍵盤を教具に用いるだけあって、今も昔もその特徴をいかんなく発揮できるハーモニーが中心である。

作曲でも専攻しない限りは、ハーモニーの勉強は大体が皆、教養程度しか学んでない。活水でご指導いただいた中村佐和子先生はその頃、国立音楽大学の講師をしておられた。高校を卒業する時に、〝音楽科に行きなさい〟と先生が仰って下さったのに幼児教育を学びに聖和に進学した私だが、グレード試験の準備もあり、切羽詰まって切実に、再びその門を叩いたのであった。先生はこのような私を温かく受け入れて下さり、私は国立音大の先生の授業にも通うようになった。

中村先生の指導法に少し触れたい。数学の方程式のような和声を教えるのに先生の比喩は実に巧みで一生忘れられない。たとえば、「三度は身体が弱いから杖が一本必要にするためには（Ⅲ→Ⅳ or Ⅵへ）」と四度と六度へ可能とか、五度から六度の進行は「風邪を引いても歌え、シドレドソミー」と節をつけて歌う。要するにこの場合のみ三音重複が許されるのを、こういう比喩で覚え込ませる。

また、先生の大学の授業に通わせていただいた時のことである。五十名程の男子も女子もいる学生の出席の取り方がユニークで、名前の呼び方が皆違った。理由は、普通にサンづけするのは当たり前に学生らしく学べる学生、名字や名前のみの呼び捨て、チャンづけ、実にいろいろである。しっかり集中して授業を受けてもらうため、甘えん坊、すねている学生、悪ぶる、無視する、いろいろ性格をキャッチして、聴く態勢作りをするためであった。

次に楽式論だが、ソナタ形式を学ぶのに図解がわかりやすい。歌詞をつけて忘れられないよう脳裏に刻ませるなど、あまりにも分析的なのである。感性・感覚的な面を案じて、ある日、おそるおそる中村先生にお訊ねした。

「先生、音楽の授業なのにあまりにも具現化過ぎ、問題ではありませんか」

ヤマハの研修などでは、たとえば先述のⅢの進行に関して、イタリア歌曲の「カタリー」の音出しをして、〝この頭ね〟と言った具合で、音楽と共に学び、理屈はない。しばらく黙っておられた先生は、

「はい！　問題です。しかし、勉強する学生はここから先は自分で学ぶ、しない学生はこれだけ最低身につけておかないと世に出て役に立ちません」

と言われた。身ぶり手ぶり、頭脳のすべてを駆使して、役に立つ人を育てる。脳裏に刻み込ませる。大学の先生は研究者で背中を見せておけば良いと思い込んでいた私は、その時、正にこれは活水で音楽を教えておられたオリーブ・カリー教授の影響と気づいた。

カリー先生は活水の校歌の作曲者でもあるが、日米開戦に向かう中、帰米する宣教師の中でも最後まで活水に踏みとどまった宣教師であった。戦後、再び長崎に戻ってきた時には「キャリー女史、七年振り〝活水〟へ帰る」（「長崎日日新聞」一九四七・一・二二）という記事が新聞に載ったように、慕われ、待たれた先生であった。

ＷＦＭＳの海外派遣伝道に応募したラッセル先生がギール先生（後に福岡女学院を創設）

と共に長崎に着任したのは一八七九年十一月二十二日。十二月一日には一人の生徒を与えられ、長崎・東山手の居留地で始まった活水学院の音楽教育は、伊沢修二が招聘したメーソンの日本の西洋音楽の移植と歩調を合わせるかのように進められ、活水同窓会編『活水学院と長崎プロテスタント教会の百二十年』（香柏有限会社、二〇一五年）によれば、東京音楽学校（現・東京芸術大学）と活水女学校がその双璧だったと言われている。私自身は音楽科に進むことはなかったが、活水学院の音楽の伝統に連なった音楽の先生方を通して、宣教師の先生方による神様への讃美と伝道と愛の業の中に育まれてきたのだと思われてならない。

一人一人に応じた学びを工夫し、神様から与えられたその持ち物を最大限に引き出そうとする活水スピリットは中村先生にも脈々と引き継がれ、先生は在任中、同じノートで授業をすることはなかったようである。毎年学生が変われば相手対応のため手の内を変えることが必要だったからである。

中村先生はまた、何冊か子ども向けの練習曲集を出版されたが、バッハの多声な旋律への理解や、曲想、リズム、連弾などの理解に導く歌詞がついたものが多かった。その歌詞からは先生の子どもたちに対する思いが伝わり、共感とともにほのぼの心が開かれていく。

一九七三年、私は自宅に教室を開設した。グループレッスンで学んだ生徒たちは、卒業後は個人のレッスンになるのだが、それだけでは足りないものを覚えたからである。今では中三までカリキュラムもでき、システムも充実してきたが、当時は手探りで、ヤマハの理念に基づきながら創意工夫を重ねて、幼児科からの発展を試みた。もちろんハーモニーを軸とする総合音楽教育である。

地域に根付き、覚えられ、気がつけば四十余年の年月が過ぎた。孫や曽孫に当たる人たちが通って下さる。有難いことである。今では普及思想で育った生徒たちも音楽大学や小中高の教師、ＮＨＫや京都の楽団員、音楽教室の講師として後を継ぐ者に成長している。

このように自宅教室を仲間と展開しつつヤマハでは色々な役目を仰せつかり、ほとんど指導法研究の中心を担っていた。

易しく正しく楽しく、を掲げ、猛勉強した指導法研究のシンポジウムを毎年全国展開し、白書を出し、テーマを持ってレッスンに励み、現場の声を真摯に受けとめ、テキストができていく。もちろん主軸はハーモニーであるから、カデンツ（終止）にこだわり、自己表現、創作に展開していく。グループレッスンの中で、四歳の適期を捉え、耳から丸ごと音楽を吸収し、真似て覚えていく。子どもたちには、より正しく美しく音楽が楽しく大好きになってもらいたいために、様々に試行錯誤をしながら関わり合っていく。京都の国際会議場で、テーマを〝ソルフェージュ〟〝鍵盤〟〝創作〟としたパネルディスカッションを経て、四、五歳の幼児科を根幹とするヤマハ音楽教育システムは確立された。それが約四十年前である。

ハーモニーを軸に鍵盤を教具としてソルフェージュ力をつけ、音楽の総合的能力を育てる。「鍵盤ソルフェージュ」と言われるのはこのためだが、それを適期に適切な指導法を駆使しグループレッスンで、とうたったのが、繰り返し述べるがヤマハの教育システムであった。

第一線で活躍する音楽家、アスリートその他の職業の方々も幼い時にヤマハ音楽教室に学んだ人たちは少なくない。しかし、プロフィールは大学以上であったりするため書かれない。それがまた音楽の現場に直接関わる私たちの仕事らしくて喜ばしいことである。

ヤマハ音楽教室出身で世に活躍している人たちのことを、OB会では〝私たちの財産〟と位置付けている。許される限り総会には来ていただき、演奏していただいている。ヤマハの教育システム、教育メソッドについては先の吉井氏の本をはじめに、今後も様々に取り上げられていくと思われるが、それらを実証する最大のてだては、音楽が人の育ちにいかに深く関わるものであるのかという音楽の本質に根ざし、育った〝人〟であろう。音楽を信じ、音楽を愛し、そして仲間を作り、ふやす、ゆえんである。

在籍中はほとんど開拓的な仕事のやり方で音楽普及のための指導法研究を率先し、自覚して行ってきた。普及とは言え、数が集まれば、持ち物の良い生徒、子どもたちが発掘される。頂点を極める人材は財団が開拓し、マスタークラスを開設、故ロストロホービッチやモスクワ音楽院のゴルスタエバー教授を招き入れ、世界の名だたるコンクールを制覇するようになるが、それは選ばれたわずか。基本は音楽を座右とし、少しでも豊かに人生を送ってほしいということが私の望みである。

現在の私と音楽

ヤマハを退いて約十年になる。目まぐるしく社会は変化し、教育制度をはじめ今まで機能してきた様々な制度が揺らぎ、怪しい。このような中、目に見えるもの、数字が幅を利かせ、何事にもコストが優先されて、教育や文化という長い目でみなければ結果が出ないものが疎かになっているように思える昨今である。また、全体の風潮が守りに徹しているように思える。守りに入ると必ず後退する。少子化・人口減少にも拍車がかかり、にっちもさっちもいかなくなった現在、変わる勇気や知恵が必要とされる。ただそれは効率ではなく人間を中心とした心のこもったものであるのは言うまでもない。ヤマハは現在、力も蓄えもあるので、作り上げたシステムに頼り切らず、理念に寄り添い現場と協力体制を整えれば、どうにでも解決できる。心配なのはわが母校である。聖和女子短期大学は、その前身のランバス女学院創設者メアリー・ランバスの息子ウォルター・ランバスが設立した関西学院といち早く合併し、息をついた。問題は活水学院である。西の果ての立地を活用し、何とか自律する方法はないか。世界遺産関係で話題となっている長崎も共にさらに元気に、と考えた。

長崎では、蛇踊りで有名な〝長崎くんち〟をはじめとした神社仏閣の祭りは秀吉のキリスト教禁教令のおかげで四〇〇年近く続いている。華僑の人たちが春節を祝うランタン祭りも年々派手になっていく。キリスト教だけは旧教、新教共に、宗教と離れて季節の風物詩と化したクリスマスは別として、祭りはしめやかである。そこで、〝イースターを長崎で〟と考えた。できれば、受難劇を日本語でやれないだろうか。ドイツのオーヴァアマルガムの十年に一度では、私自身も残念ながらチャンスを逸しているようにハードルが高いが、かつて私も参加したティアーゼの受難劇がある。それは、クーフシュタインやキャッツビルに近い、美しい湖のほとりで六年に一度行われる。

このような受難劇を長崎で五年に一度くらいできないだろうか。今年はいわゆるキリシタンの復活とされる「信徒発見一五〇年」の記念の年であったが、禁教令のもと弾圧に耐え隠れながら信仰を守ったオラショとも有機的に関わらせ、「明治日本の産業革命遺産」に続き、「長崎の教会群とキリスト教関連遺産」の世界遺産登録を願い、その先駆けとして「教会音楽を長崎で学べる」とうたい、まずパイプオルガンのマスタークラスを立ち上げることを思い立った。きっかけは、活水学院にパイプオルガンが七台あることを知ったからなのだが、学院にはまた、演奏家の椎名雄一郎先生もオーガニストにおられるのである。

椎名先生は、ヤマハ音楽教室に十年学んだという先生で、芸大を受ける時はソルフェージュは全く困らなかったと言われた。芸大卒業後はウィーン国立音楽大学とパーセルで学び、ヨーロッパでその実力を認められた強者である。バッハ全曲を十二年かけて弾き上げた。これは日本初のことであり、実力もトップクラスである。このような椎名先生を中心に、世界でも教会音楽の需要が少なくなり、学べなくなってきたパイプオルガンの後継者つくりをまずは始めようということで、私は、早速、準備委員会を立ち上げた。田上富久長崎市長、中村法道長崎県知事にも表敬訪問し、ご理解をいただいた。参議院議員の丸山和也先生にも背中を押していただき、上智大学名誉教授の越前喜六神父様にも、「必ず成功すると信じ、祈りの内にすすめなさい」と励ましていただいた。元衆議院議員で長崎県知事も何度か務めた現参議院議員の金子原二郎先生も積極的に応援して下さっている。ここではお一人お一人のご紹介はできないが、準備委員として実に多くの方々が、ご多忙な中、集まって下さった。地方のことは地方の人たちが一番よく知っているのだから、地方の人たちで、と石破茂地方創生担当大臣は仰っていた。正にその通りなのだが、言い出しっぺの私一人だけが横浜である。

「来年（二〇一六年）の二月二〇日前に活水女子大学大村キャンパスのパイプオルガン開きのためにいらっしゃるヤンセン先生を迎え、マスタークラスを立ち上げましょう」と椎名先生からメールをいただいた時は嬉しかった。後継者を育てる使命感は充分お持ちである。

さて、受難劇だが、その準備のために私は、東京の銀座教会が毎年受難日礼拝の折、マタイ受難曲を日本語でアレンジしたものを演奏していることを知っていたので、準備委員会のお一人で元・銀座教会副牧師で今は長崎古町教会の藤井清邦先生に紹介していただき、故・奥田耕天先生の編曲譜をお嬢様で銀座教会音楽主任のオーガニスト草間美也子先生にお借りしてコピーした。草間先生は快く、「何かの時は奥田の名前をお使い下さい」と親切に言って下さった。しかし、実際に長崎の教会で、このアレンジものを展開するのも難しいことを今年は思い知らされた。時間がなかったのは事実だが、今年の聖金曜日礼拝に、母校の責任ある立場の指揮者にお願いしたら、歌えない、できない、長崎は程度が低いからとさんたんたる返事が返ってきた。この形ならやってみましょう、とか、できる部分の呈示ではない。私の結論は、活水の音楽学部がまず元気にならなければ長崎のレベルも期待できないのかな、であった。

四面楚歌の中で礼拝は守られた。東山手と南山手の居留地の間に位置する大浦にある長崎教会にお願いしたが、アレンジに次ぐアレンジで、福音詞家は二名、男女で会衆と交読の形を取り、メロディーはストップオルガンでバックグラウンドを支えた。前奏や会衆の讃美歌はパイプオルガンを使用し、椎名先生が奮闘して下さった。ピアニストで合唱団を持っている旧知の後藤美樹さんが、テノールやバス、アルトなど、讃美歌を前もって練習し、団員を動員して支えてくれた。「先生、頑張ればできますよ」と後押しされ、予期せぬ言葉に励まされた。もう一つ準備委員のお一人で、浦上天主堂のオーガニストで長崎純心大学教授である松本俊穂先生が「徹夜のミサとクワイアーの指揮で伺えないけれど、マタイ受難曲のアレンジは大変興味があります」とメールで興味を示して下さったのも嬉しかった。

長崎もいろいろ音楽活動があるが、お金がかかりすぎる。教会音楽は原則伝道費で、というのは不可能だろうか。県や市にお願いするのは国内外から参加する方たちへの広報に関わる費用位で原則自給自足は夢だろうか。マスタークラスはそう簡単にはいかないだろう。それでも、参加費やコンサート代で努力すればまかなえる。とりあえずは、マタイ受難曲の勉強会をしなければならない。マスタークラスの公募が迫る。小規模ながら世界レベルでやりたい。新たな試練が待ち受けているが、すべてを聖意と享受できるよう心掛けたい。後に続く人たちが、長崎の地で、少しでもキリストの十字架の本当の意味を覚える機会が多くなればと切に願って励みたい。

西洋音楽の元はキリスト教である。人々が音楽に触れることによって心が豊かになり、長じて平和を愛する人間に成長することを願って、用いられている限りは精進する外、私に残された道はないと信じている。

おわりに

個人的に自分史的なことを書き連ねてきた。きわめて私的なことではあるが、幼い時から音楽に親しみ、ミッションスクールではいつもピアノを弾き、礼拝においては讃美歌の伴奏をすることで、私の音楽への思いは深まり、やがてヤマハで音楽普及活動に携わり今に至る歩みを振り返って思うのは、音楽は音楽という枠にとどまらず、私たちの人間性・精神性を強め、豊かにし、魂を揺さぶるものだということである。たとえば、その証しとして一例を紹介したい。今年の六月のヤマハのOB会総会での話である。およそ三十年前に講師を五年間した後、家庭に入ったが、ハンディキャップを抱えたり、不登校だったりする中学生・高校生の学校で、五年前から音楽教師になった横浜国大を卒業された土志田美紀子先生の「私の今」である。

土志田先生のクラスは十五〜二十人程度ながら、軽度から中度の知的障害やADHD（注意欠陥多動障害）、アスペルガー症候群、自閉症などの発達障害を抱えたり、不登校となってこの学校にたどり着いたり、と生徒一人一人の状況は多岐にわたっていた。しっかりした学校のカリキュラムによって生徒たちは挨拶もでき、お行儀も良いのだが、心の中から湧き上がってくるようなエネルギーや生き生きとした感情に乏しいと感じた先生は、「人が出会い、集まればそこで必ず心は通い、音楽の喜びは分かち合えるはず」と、クラス全員での音楽の授業に取り組むのであった。

みんなで音楽をすることに不慣れな生徒たちといざ歌ってみると、様々な反応がみられました。気分が高揚しすぎてハイになる子。歌のできばえが不服で怒り出す子。聴覚過敏で耳をふさいでうずくまってしまう子……私が一番感じたのは、みんなで「そろう」「そろえる」という意識が乏しいということでした。でもそれは決して生徒たちのせいではありません。単に経験がないだけ、意識がないだけだと思いました。

私は頭の中で幼児科の導入期の指導になぞらえて考えました……例えば「イントロを良く聴いてからみんなで揃って出られるかな?」「先生のピアノと同じような強さの声で歌えるかな?」「言葉がきれいに聞こえるように唇をよく動かしてみようか」。短くても簡単な指示を出しながら何度か音を出して行くうちに、生徒の歌声は確実に変わっていきます。興奮しすぎた生徒は次第に心が落ち着き、できばえに不満のあった生徒は部分的でも良いところができてほめられる度に満足の表情を浮かべるようになりました。また、聴覚が過敏な生徒は、ボリュームが大きくてもみんなで心の準備をして出した整然とした音であれば拒絶反応が出ないのでした。

この時私が感じたのは「聴く」という能力の大切さです。耳を使う＝心を使う。知的なハンディキャップがあっても言葉《ママ》能力に劣っていたとしても、音・音楽を聴き取る力には遜色はないのではないか。ましてや感じ取る心に至ってはハンディは感じられない……なぜならそういう生徒が授業の後ニコニコして私のところに寄って来て「先生、今日楽しかったです。ありがとうございました！」とわざわざ声を掛けて帰って行ったりするのです。そういうときは必ず私も手応えを感じて授業を終えている時でしたから、生徒の感想は決して見当外れではないのです。心の豊かさにハンディはないとしみじみ感じる瞬間でした。

「そして、何よりも私自身が生徒たちと心底喜びを分かち合っているという実感がありました」と話は続くのであるが、音楽にはこのような心の通い合いや感動、喜びを分かち合う力があり、人を豊かに生き生きとさせるものがある。私にとってそれはまたイエス様を身近の思える至福の時でもある。ヤマハ音楽教室は直接にはもちろんキリスト教とは関係するものではない。しかしながら、私たちの〝生〟に関わって魂というしかない存在の深みで、音楽は神様からの贈り物であり、神様の私たちへの愛の証しであるのは間違いない。幼い日からわが音楽人生が物語るのはひとえにそのことである。

「神のなされることは皆その時にかなって美しい」（伝道の書3・11）

正に感謝あるのみである。ハレルヤ。

受けよう・伝えよう、福音を

――子どもの信仰教育における「愛」――

景山　あき子

子どもたちの信仰教育を考え、カトリック教会や学校で宗教教育に従事する者にとって、「どこに目標を設定してこの教育に当たるのか、また当たっているのか?」「子どもたちにどのような人になってほしいのか」を、時々立ち止まって考えることは、とても大切なことだと、私は思っています。幼児から、小学生、中学生、そして高校生のために、どのようなカリキュラムを用意しようか、そして教材は?の問題は宗教教育に当たっている教師やリーダーにとって大問題であり、また大きな悩みなのです。もちろん、日本では宗教科の指導要綱も、要領もなく、教会の司教たちからの指導もないため、系統立ったテキストもありません。あるのは、【神のことば】である聖書と、聖伝といわれている歴史的な教会の教えと信仰を生きて来た人々が伝えて来た伝承です。「これで充分でしょう」と言われれば確かにそうですが、では具体的にどう生きるのか、例えばミサとか秘跡とか祈りとか……など日常の信仰生活のことなど少しは教えられないと……という課題があります。教育に当たる者はこのような中で、一人で考えたり、仲間と話し合ったり、自分の経験や、信仰者としての生き方を振り返ってみたりしながら、「さて、明日の授業をどうしようか」とか、「年間の目標をどうしようか」……と最終的には祈りながら決めているのです。

子どもたちの信仰教育に従事している教師は、他の教科を教える者とは、比べられない程の、困難、悩み、迷い、努力をしているのが実情です。このような試行錯誤を四〇年も経て私はある時ふと気づいたのが【神の気持ち】【イエスの気持ち】、言い替えれば、【神の私たちへの愛】【イエス・キリストの私たちへの愛】でした。「子どもたちと一緒にこの愛を感じ、少しずつ一緒に神を、そしてイエスを好きになる」（仲のよい友達になる）。これを目標にすればいい。これを目標にして、イエスと心の中の聖霊に教えられながら、神の愛を、そしてイエスに出会いながら、イエスの私たちへの愛を知っていこうと決めました。

目標は＝「神を、そしてイエスをもっと好きになろう」です。

子どもの成長・発達段階と福音

聖書のなかから、どのような時のイエスに出会えば、福音が子どもたちに伝わるかを考えてみる時、大事なことは、子どもの成長発達の段階を考慮することです。未分化で体と心全体で物事を受け止め、理解する子どもたちは五感を通して、それも具体的に見て、触れて、感じて確かめます。子どもには抽象的理解は無理です。この点で非常にありがたいのは、福音書の中のイエスはいつも現実的で具体的な生き方、話し方をされていることです。

例をあげてみますと……

1．イエスは個別的に、人に触れてくださいます。

◎マルコ10・13―16

「人々が幼な子を連れて来て、イエスに手を触れていただこうとした。ところが、弟子たちはその人々をたしなめた。イエスはこれを見て憤り、弟子たちに仰せになった。【そのままにしておけ。幼な子がわたしのもとに来るのを止めてはいけない。神の国はこのような人たちのものだからである。あなたたちによく言っておく。幼な子のように神の国を受け入れる者でなければ、けっしてそこに入ることはできない。】そして、イエスは幼な子たちを抱き、彼らの上に両手を置いて祝福された。」

◎マタイ8・1―3

「イエスが山をお下りになると、大勢の人々がついて来た。そのとき、一人の重い皮膚病を患っている人がイエスに近づき、ひれ伏して〈主よ、お望みならば、あなたはわたしを清くすることがおできなります〉と言った。イエスは手をさしのべて、その人に触れ、【わたしは望む、清くなれ】と言われた。すると、たちまちその重い皮膚病は清められた。」

◎ルカ22・47―51

「イエスの言葉がまだ終わらないうちに、群衆が現れたが、十二人の一人で、ユダという者が先頭に立っていた。ユダはイエスにせっぷんをしようとして……イエスの弟子たちは、事の成り行きを見て〈主よ、剣で切りつけてやりましょうか〉と言った。そして、そのうちの一人が、大祭司のしもべに切りかかり、その右の耳を切り落とした。イエスは、【やめなさい。もうそれでよい】と言い、その耳に触れて彼をいやされた。」

まだまだ他にもイエスは手を触れてくださっています。

◎マタイ8・15

「手を触れて熱を去らせ」

◎マルコ9・27

「悪霊につかれて死んだようになった子どもの手を取って立ち上がらせてくださり」

◎ルカ7・11

「亡くなった息子の棺に触れて生きかえらせ、母親に息子を返してくださり」

◎ルカ8・43―48

「イエスの服のふさに手を触れれば、長年の病気が治ると信じて近づいて来た女の人が触れていやされ」

◎マルコ3・10

「病に苦しむ者は皆、イエスに触れようとして、そのもとに押し寄せた。」

イエスはご自分にも触れさせて下さった。

2. 見て声をかけるイエス、そして対話をされるイエス

イエスはご自分から声をかけて弟子を選ばれます。

◎マタイ4・18、19
「イエスはガリラヤの湖のほとりを歩いておられたとき、二人の兄弟、ペトロと呼ばれるシモンとその兄弟アンデレとが、湖に投網を打っているのをごらんになった。二人は漁師であった。イエスはその二人に【わたしについて来なさい。あなたたちを、人をすなどる者にしよう】と仰せになった。」
◎ヨハネ1・38、39
「イエスは……二人が付いて来るのを見て、【何か用なのか】と言われた。彼らは〈ラビ……どこにご滞在ですか〉と尋ねた。イエスは【来なさい、そうしたらわかる】とお答えになった。」
◎ヨハネ1・43
「イエスは、ガリラヤに行こうとなさって、フィリポを見つけられた。イエスは【わたしに付いて来なさい】と仰せになった。フィリポは、アンデレとペトロの町、ベツサイダの出身であった。」
◎ヨハネ1・47、48
「イエスは、ナタナエルがご自分の方に来るのを見て、彼についてこう言われた。【見なさい。真のイスラエル人だ。この人には嘘偽りがない。】ナタナエルが、〈どうして、わたしをご存じなのですか〉と尋ねると、イエスは、【あなたがフィリポから呼ばれる前に、いちじくの木の下にいるのを、わたしは見た】と答えられた。」
《ヨハネ4・7—42参照》
イエスは井戸でサマリアの女の人と出会って、見て、話しかけ相手からも聞いて、対話なさいます。
五感の中の味覚について、イエスはただ舌で味わうことよりも、食事を共にすることを大切にされます。みなとともに食事をするのがお好きだったようです。

共食

食事をとるために、ラザロの家を訪れます。
◎ヨハネ12・2
「ベタニアで、人々はイエスを食事でもてなした。マルタは給仕をし、ラザロは一緒に食事の席に着いた人々の中に加わっていた。」
◎ヨハネ12・3
「そのとき、マリアは非常に高価な純粋のナルドの香油を、一リトラ持って来て、イエスの足に塗り、自分の髪の毛でその足を拭いた。家は香油の香りでいっぱいになった。」

このようにイエスは、病人に触れて癒し、神の国のことを話し、救いを待っている人とゆっくり対話して、心の深い思いを引き出してくださり、人々が空腹のまま帰路につくことなく、一緒に食事がとれるように、パンや魚を配ってくださり、香油のよい香りを家いっぱいに拡がる機会をくださっただけでなく、罪のゆるしさえ与えて、誰に対しても、五感に触れ、ひびく方法をとって福音を伝えてくださったので、そこにいた人たちは、自分たちが一人ひとり、イエスに大切にされている（愛されている）のを実感したでしょう。私たちも同じように、日常の生活の中で子どもたちの五感に訴えひびかせながら、福音を伝えていきたいと思います。

「愛ということば」

子どもが愛ということばに出会う時

私たちの国、日本では大人が観るＴＶドラマの中から聞えて来る以外は、子どもが日常的に愛とか愛するという言葉に出会う機会はあまりないと思います。小学校の教科書の中にも、またもう少し幼い人たちが手にしたり耳にしたりする絵本の中にも愛ということばはほとんど出て来ません。母親が赤ちゃんと過ごす長い時間にも愛してますよとはあまり言わないと思います。心の中ではこの小さい赤ちゃんへの愛がいっぱいなのですが、愛とは言わずに別のことばで愛の心を表現するでしょう。では、子どもたちの耳に愛のこころはどのようにして入ってくるのでしょうか。神の愛をたくさん伝えている聖書や、お話の中で聞くかもしれません。大人が読む聖書の中では数えられないほど、愛という言葉が繰り返されていますが、子どものための聖書の中では、やはりあまり出て来ません。ちなみに先般私が訳した『ちいさいこどものせいしょ』（サンパウロ）の中で愛ということばに訳した箇所があるかどうかを調べてみました。初めからページを操ってみましたら全一二七ページの中で、ただ一度イエスが復活なさったことを知らされた弟子たちが大喜びして叫んでいる箇所だけでした。

「……みんなイエスさまにあえました。
かみさまのあいがかった。
かみさまのあいで、みんな『かみさまに
ゆるされる』とおでしさんたちはわかりました。」

大人に対しては愛ということばで訳されているところで、わたしはどのように表現していたか原文（英語）をさがしてみましたら次のようなことばを使っていました。

・かわいがってくれる
・だいじにしてくださる
・だいすきです

『はじめてのおいのりのほん』（サンパウロ）の中でも同じことばで訳しています。愛ということばは使っていません。ところが教会学校や子どもと共に捧げるミサの時に歌う歌の中には、愛ということばは、実に多く出て来て愛を歌っているのです。びっくりしました。もちろん、その歌を作っているのは大人なのですが……。

何曲か挙げてみましょう。

「愛といのち」（佐久間彪　作詞）
「新しい人になるように」（聖歌集『平和を祈ろう』）
「愛といつくしみのあるところ」（カトリック典礼委員会）
「愛されている子どもらしく」（聖歌集『イエス様とともに』）
「神様がわかるでしょ」（白井憲保　作詞・作曲）

「かみさまの　あいは」（佐久間彪　作詞）
「アレルヤ　豊かな愛を」（末吉良次　作詞・作曲）
「愛をください」（桧山由紀子　作詞）
「きかせてください　羊飼たちよ」（森一弘　作詞）
「主は水辺に立った」（ルカ5章　Pescadre de hombres　Gabarain 作曲）
「主よ　あなたの呼ぶ声が」（聖歌集『平和を祈ろう』）
「わたしたちはさかなのよう」（佐久間彪　作詞）

まだまだたくさんあります。よく歌う歌で、神の愛は詞全体から伝わって来ますので、子どもの信仰教育で歌は欠かせません。口遊んでいるだけでも歌は豊かな教材であり、感謝の祈りですから、時々歌う前に詞を声に出して味わい、読んでみる授業などを通して、少し遠廻りかも知れませんが、神の愛を伝えることができます。歌を歌うという一段階をカリキュラムの中にしっかり位置づけておきたいと思います。神さまは、私たちを愛してくださるとただ語るよりも、時間はかかっても、いくつもの歌を楽しく歌う方が、優しい神さまの私たちへの愛が心に染み込むでしょう。そして神をもっと好きになると思います。この中から一つだけ、歌の言葉を味わってみましょう。

あいされているこどもらしく　かみにならうものとなって　あいをもって
あいのうちに　あゆんで行こう
キリストはあなたのため　キリストはわたしのため　あいをもって
ごじしんを　ささげになった
やみから光へ　今は主にあって　照らされて生きる　光の子
目覚めて喜び　明るみに向かい　照らされて生きる　光の子

（末吉良次「愛されている子どもらしく」）

愛＝ごたいせつ

一五四九年、日本にはじめてキリスト教を宣教した聖フランシスコ・ザビエルは、神の愛・福音を伝えるため、この愛ということばは神の私たちへの愛を伝えるには適確ではないと感じ、日本人に一番よく伝わることばとして、「ごたいせつ」ということばを選びました。「あなたは神のごたいせつ」「わたしも神のごたいせつ」と言いながら、イエス・キリストによる救いの福音を宣べました。「たいせつにする」「たいせつに思う」「たいせつにされている」。愛の心を愛ということばよりも、もっと暖かく、もっとよく伝えてくれると思います。このようなことばを見つけて、使ってくださったザビエルに感謝します。では、子どもたちにとって、自分が大切にされていると感じる時は、どのような時でしょうか。

①自分からの語りかけ、自分の訴えを聞いてもらえる時。私たち大人にとっても同じですが、子どもは、大人に向かってたくさん質問します。「どうして、どうして」の連発なので、大人は答えをついつい「あとで」と言って、あとで忘れてしまいます。

尋ねたこと、願ったことはなかったことにされてしまう子どもたちの心は満たされません。「自分は大切にされていない」という気持ちを持つでしょう。ですから聞いてもらえる経験が多いほど自分は大切にされていると実感し、幸せな気持ちで過ごします。

②どんな時でも、自分とともにいてくれる、近くにいてくれる人を持っている時（守られている感覚）。自分は独りぼっちではない。自分を心にかけてすぐ側に一緒にいてくれる方があると感じる時。

③五感に訴えられて理解できる時。子どもは幼いほど、五感の中の触覚を働かせてものを認識します。言葉だけでなく触れてもらって＝抱いてもらって＝撫でてもらって＝運動させてもらうことで、自分が大切にされていると感じます。

④よい香りを呼吸できる時。お花の香り、お部屋の香り、お母さんの香り、食物の香りなど好きな香りの中で安心し、大切にされていることを感じるようです。

⑤楽しく、自分の好む味を味わえる時。幼い子どもが食事をする時、急がされず、優しい空気・空間の中で、自分の舌を使って食べることができるととても幸せ感があります。指も使いながら、大切にしてくれる人が用意したものを味わうことができるように、周囲の大人は心をこめて整えましょう。

これはとても不思議なことですが、洗礼をうけている子どもの初聖体拝領の準備をしている時に、いつも感じることです。イエス様をあのパン（ホスチア）の味からでなく、心でイエス様の愛、優しさ、そして友情を味わえるのは、家庭での食事に基本があるのを、私はリーダーとして、またその子どもと一緒にイエスを友人として持っている者として感じます。

近年日本の社会は、子どもたちをゆっくりさせない社会になって来ました。早く早くと、子どもを急き立て、ゆっくり家族と楽しんで食事をさせなくなりました。勉強、宿題に加え、塾から塾へ、加えて稽古ごと……と。このような食事環境で子どもたちから、大切にされているという実感を奪っています。神の愛の種子である言葉を受けとる良い土地となる幸せ感、愛されている、大切にされていると喜んでいる心を養うことを忘れてしまっています。

実は愛はこのような日常生活の中で育ち、やがて溢れ出るものなのだと思います。そして、ゆっくりと福音書を読んでみると、イエスは、人々の日常の中で一人ひとりを大切にしながら、幸せの福音を告げ、与えてくださっているのがわかります。イエスは一人ひとりを大切にして、一人ひとりを愛してくださる方です。

そして、子どもたちがこのイエスの福音の種子、大切にしてくださる心を受けとるために、子どもたちの心を良い土地に育て、子どもたちの日常を愛深いものにしておきましょう。日々の生活で子どもが育っていく中で、自分が大切にされていると実感できる環境を、家庭、幼稚園、保育園、学校、そして教会が心を尽くして整えて行きたいです。

愛されている者らしく

父である神は私たちの幸せのために、イエスをこの世に送り、イエスと共に聖霊を送ってくださいました。そしてイエスは私たちを幸せに……と望まれる父である神がおられることをご自分の言葉と生き様で教えてくださいました。

◎一ヨハネ4・9、10
「神は独り子を世に遣わされました。それは、わたしたちが彼を通して生きるためです。ここに、神の愛がわたしたちに現われたのです。わたしたちが神を愛したからではなく、神がわたしたちを愛して、わたしたちの罪のために、あがないの供え物として、おん子を遣わされました。ここに神の愛があるのです。」

ヨハネは続いて手紙の中で……だから

◎一ヨハネ4・11、12
「わたしたちも互いに愛し合わなければなりません。いまだかつて神を見た者はありません。しかし、わたしたちが互いに愛し合うならば、神はわたしたちに留まり、神の愛はわたしたちの中に全うされます。」

と続けています。本当に神の私たちへの愛は大きく、その上無償です。感謝するばかりです。このような福音を受けて私たちは、ますますイエスが好きになり、イエスを遣わしてくださった父である神が好きになります。

聖書では、一方的な神の愛、イエスの愛が語られ、愛されているのだから、愛されている者らしく互いに愛し合いなさいと私たちに諭しています。ここまで来て、私が深く感動するのは、神の愛の無償性です。愛はここまで至らなければ本物ではないのかもしれませんが、イエスや、神のことが大好きになった私は、失礼なことかもしれませんが、イエスや神の気持ちを自分のことのように感じてしまうのです。聖書から例をとると、私たちが不幸だった時、それをご覧になった神は、【幸せになるように……と命を与えたのに……】と悲しくなって、いろいろな形で救うために人を送ったり、出来事を起こしたりします。

ヨナ書では、そこの人々の生活が乱れてしまい、このままではそこに住む人たちも動物たちも滅びてしまうので悲しくなった神は、嫌がるヨナを諭し宥め、ニネベに遣って、生活を変えるように奨めます。ニネベでは、王からはじめ、動物もみな荒布を纏って、灰の上に座って回心し、生活を改めたので滅びずにすみました。神は喜ばれましたが、「悪いことをして滅びるのは、自業自得だ、ニネベは滅びて当然」と考えていたヨナは自分の不満を神にぶつけます。その時の神の答え【……どうしてわたしがこの大いなる都ニネベを惜しまずにいられるだろうか。そこには、一二万人以上の右も左もわきまえぬ人間と、無数の家畜がいるのだから……。】このことばの中から、神がどれほど、人間や動物を大切に感じ、滅びてしまうのは残念、悲しいと感じておられる気持ちが私に伝わってきます。私たちをあれほど愛してくださっている方が悲しい気持ちをもっておられる。そして滅びずにすめば、大喜びなさるとわかるとその方（神）を悲しませてはならないと私の方から神への愛が動きます。愛は双方の動きになります。愛してくださる方の心配、悲しみ、そして喜びを感じるほど、その方が好きになりたいですし、子どもたちの信仰教育をする者として、福音を伝えられた子どもたちも神が好きになり、愛されている者として、愛してくださる方を愛する者となってほしいと思います。イエスが父である神の愛を人々に伝えるために話された「よい羊飼の譬話」でも見失った一匹の羊を一生懸命探して、とうとう見付けた羊飼が大喜びして帰り、その喜びを友人や近所の人々に分かち合います。

《ルカ15・4―7参照》

『羊かいがいて』と題する典礼聖歌の詞で歌うと子どもたちも、この譬の意味、イエスが伝えたかった福音が少しはわかると思います。

『羊かいがいて』

羊飼いがいて　たくさん羊を飼っていた
ある日その中の一匹が
迷子になってしまった

羊飼は他の羊を置き
その一匹をさがしに出る
もし見付けたら
どんなに　よろこぶことだろう
羊飼はキリスト　その一匹はわたし
羊飼がいて　たくさん羊を飼っていた
ある日その中の一匹が
迷子になってしまった
羊飼は他の羊を置き
その一匹をさがしに出る
もし見付けたら
どんなに　よろこぶことだろう
羊飼はキリスト　その一匹はあなた
どんなちいさなひとりをも
神は見捨てることがない
見捨てることがない

（『典礼聖歌』四〇四、一般用）

見つけてもらい、連れて帰ってもらった羊もほっとしたでしょうけれど、見つけた羊飼の大よろこび、そしてそのよろこびを分かち合った友人、近所の人たちの気持ちを考え、共感できる自分になりたいと思います。とても及ばないことはわかっていますが、キリストが探しておられる時の気持ち、見つけた時のよろこびを子どもたちも一緒に感じるほどに、神とキリストと聖霊と友だちになりたいです。

日常の中に愛があり、宗教がある

両親が愛し合って生き、愛をもって子どもたちを育てているなら、「愛しているよ」「愛しなさい」という言葉がなくても、きっと子どもたちは愛をもって家庭の中で生活して行くでしょう。家で小さいお手伝いを自然にして親をよろこばせたり、小さい子どもたちには難しい分ち合いも少しずつできるようになります。これこそが一人ひとりを大切にして生きることです。兄弟姉妹間の分ち合い、赦し合いも、親から分かち合ってもらったり、赦してもらったりしながら、心が平和になる体験をし、褒められて自信がつき、次も頑張ろうと思う時、愛が心の中で育っています。具体的に実際的にこのような機会を一つ例を挙げて説明するために絵本のおはなしの構成を考えてみます。

家で大人が子どもに絵本を読んであげる機会は多いと思いますが、子どもは同じ本を何回も読んでほしくて持って来ます。これは不思議なことです。というのは子どもはもうこのお話の結論はわかっているのですから……実は優れた絵本は起承転結がはっきり描かれ、結の部分が安心できる場に帰って来ることが多いのです。子どもはこの結論の安心感を心底では求めていて、絵本を持って来て読んでほしいのです。帰るところを持っている時、人は幸せです。安心できる場＝帰れるところです。昨今子ども、青少年の不幸な出来事が多いのですが、帰るところをもっていないのではないかと感じます。新約聖書の中で、イエスが譬をもって話してくださったおはなしでは、迷った羊は帰るところがありました。そこで安心できました。父から受けた遺産をもって、勝手に父の家から出て、町でお金を使いつくし、食べるものにも困った息子は、父の持つ家に帰って行きました。わがまましても帰る家がありました。待っていてくれる父がいました（ルカ15・11―30参照）。

そしてイエスはご自分がこの地上を去って父の許に帰られる前に、私たちみなに、安心して帰る家があることを約束してくださいました。

◎ヨハネ14・1―3
「心を騒がせてはならない。あなたたちは神を信じている。わたしをも信じなさい。わたしの父の家には、住む所がたくさんある。そうでなければ、あなたたちのために、場所を準備しに行くと言ったであろうか。行って場所を準備したら、戻って来て、あなたたちをわたしのもとに連れて行こう。わたしのいるところに、あなたたちもいるようになるためである。」

私たちがどんな時でも、安心して帰れる場所、そこは父である神の家、イエスも一緒にいてくださる天の国です。これほど大切にされている＝愛されている＝福音をよろこんで受け、子どもたちに、そしてできるだけ多くの人々に伝えます。

「愛されている者らしく
　愛してくださっている方を
　　愛しながら……」

愛は教えるものではなく溢れ出て、伝わっていくものです。

◎一ヨハネ4・7―11

「愛する皆さん、互いに愛し合いましょう。愛は神から出るものだからです……神は独り子を世に遣わされました。それは、わたしたちが彼を通して生きるためです。ここに、神の愛がわたしたちに現われたのです。わたしたちが神を愛したからではなく、神がわたしたちを愛して、わたしたちの罪のために、あがないの供え物として、おん子を遣わされました。ここに神の愛があるのです。……神がこのようにわたしたちを愛されたのですから、わたしたちも互いに愛し合わなければなりません。」

このような大きな福音を受けお互いを大切にしながら、一日一日を丁寧に生きてゆきたいと思います。

※聖書引用に際しては『フランシスコ会訳』（サンパウロ）を使わせていただきました。

あとがき

わたしは、二〇一五年三月一四日から二〇日まで、わたしのキリスト教研究グループのメンバー数名を連れて、聖地イスラエルを巡礼しました。渡航前は、多くの人たちから、イスラエルは危険なので渡航しないようにと言われました。風評というものはこわいですね。そのため、数名の希望者が断念に追い込まれました。しかし、実際に現地のイスラエルを旅すると、北のガリラヤ地方、中部のエルサレムなど、宗教や民族は雑多でも平穏で安定しています。むろん、どこに行っても危険なことはあります。それには、各自、用心するしかありません。けれども、用心し、「備えあれば憂いなし」の心構えで、聖地に佇めば、想像を超える、聖なる体験をするにちがいありません。そこで、今回の出版の書物のタイトルが決まりました。“Amor vincit omnia.”（［ラ］アモール・ヴィンチト・オムニア）「愛はすべてに勝つ」という言葉です。エルサレムの坂道を歩きながら、「アモール・ヴィンチト・オムニア」と口ずさんでいると、争いも貧困も病も疲労も困窮もみな吹っ飛んでいく感じがしました。

愛があれば、平和も富も正義も希望も喜びもみな実現するでしょう。愛には恐れも不安もありません。われわれのすることは、ただ愛することだけです。

わたしは、一九七九年八月に勤務校の大学から在外研究の指示を受け、半年かけて独りで世界横断の旅をしました。五十歳のときです。さまざまな体験や研究をさせてもらいましたが、最後に、聖地エルサレムを訪ねることができたのは、最高の思い出でした。エルサレムでは、教皇庁立聖書研究所に一〇日間ほど滞在させてもらいました。日中は、主にエルサレムの城壁で囲まれた旧市街を独りで歩いて回わりました。他は、そこで出会った日本人の修道女が研究されている聖書研究所を訪ねたり、日本から巡礼にいらした修道女たちのグループに入って、ベトレヘムや死海、エリコなどを訪ねたりしました。他の日は、シュルートという乗り合いタクシーに八人くらい同乗して、ガリラヤのナザレ、カファルナウムの遺跡、ベトサイダ、ティベリア、山上の垂訓の山、ガリラヤ湖などを見学しました。夜は、研究所の屋上に上がり、満天の星空を堪能しました。

正確な記憶ではありませんが、イスラームの教祖、ムハンマドの伝記の中に、神は砂漠の遊牧の民に、愛と喜びのしるしとして、「満天の星空、ナツメヤシ、らくだ、絶世の美人」を与えられたという語句があったのを想い出し、本当にそうだなあ、神はどこにいる人々にも、それなりの喜び、幸せを与えておられるんだなあと痛感しました。そこで愛を告げ、愛を実践するのが、わたしたちのミッションであるなら、ささやかでもそれを文書で表現しようと、本書を企画・編集しました。

ご多忙のところ、本書の執筆に快く協力してくださったイエズス会士の筆者たちに、まず紙上を借りて、感謝の意を表したいと思います。また、会外の筆者の先生方には、日頃の友情に甘えて執筆をご依頼したにもかかわらず、すばらしい玉稿をお寄せくださり、衷心より感謝申し上げます。最後になりましたが、本書の企画・編集・印刷・出版・販売に至るまでの大変なお仕事を快くお引き受けくださった教友社の阿部川直樹社長には、深甚の謝意を表したいと存じます。主イエスは言われました。「わたしが来たのは、地上に火を投ずるためである」と（ルカ12・49）。拙いながらも本書が、少しでもこの愛の火を投ずるきっかけになれば幸いと思います。

二〇一五（平成二十七）十二月三日　聖フランシスコ・ザベリオの祝日

編著者

山岡　三治（やまおか・さんじ）

慶應義塾大学経済学部、東京教育大学文学部、上智大学神学部卒、グレゴリアーナ大学博士課程修了（神学博士）。上智大学神学部教授。専門は、宗教学、宗教史、霊性、エキュメニズム。
著書:『こころの巡礼』(教友社)、『カトリック教会の説教』（キリスト新聞社)、「中国のカトリック教会」、『カトペディア』（カトリック中央協議会)。

山中　大樹（やまなか・たいじゅ）

イエズス会司祭。上智大学法学部法律学科卒業。民間企業で勤務後、イエズス入会。上智大学大学院神学研究科修士課程修了。教皇庁立聖書研究所（ローマ）にて聖書学修士（SSL）取得。

レンゾ・デ・ルカ

イエズス会司祭。上智大学文学部哲学科、上智大学大学院神学科卒。九州大学大学院国史学科研究科修了。日本二十六聖人記念館館長。キリシタン史専門。
著書：『旅する長崎学（1）』（共著、長崎文献社)、『神に喜ばれる奉仕　十二人の信仰論』（編著、サンパウロ)、『祈り』（編著、教友社)。

竹内　修一（たけうち・おさむ）

イエズス会司祭。上智大学哲学研究科修了、同大学神学部神学科卒業、Weston Jesuit School of Theology（神学修士）、Jesuit School of Theology at Berkeley（神学博士）。上智大学神学部教授。専攻は倫理神学（基礎倫理、いのちの倫理、性の倫理）。
著書：『風のなごり』、『ことばの風景』（教友社）、『希望に照らされて』（共著、日本キリスト教団出版局）、Conscience and Culture : A Dialogue between the West and the East concerning Conscience（LAP LAMBERT Academic Publishing, 2010）。

高柳　俊一（たかやなぎ・しゅんいち）

イエズス会司祭。上智大学文学部英文科、フォーダム大学大学院から博士号を受ける。ドイツのザンクト・ゲオルゲン神学院にて神学研究、神学修士号。元上智大学文学部英文学科教授。上智大学名誉教授。
編著書：『英文学とキリスト教文学』（創文社）、『カール・ラーナー研究』（南窓社）、『T・S・エリオット研究』（南窓社）、『近代カトリックの説教』（編、教文館）。

奈良　修一（なら・しゅういち）

慶應義塾大学卒業。オランダ、ライデン大学欧州拡大史研究所研究員を経て、公益財団法人中村元東方研究所研究員。また、大本山永平寺にて修行し、現在は曹洞宗法清寺住職。
論文：「東南アジアにおける、多元的共存と寛容思──ジャワにおける多元的共存──」、『インド宗教思想の多元的共存と寛容思想の解明』（山喜房仏書林）、「Tolerance: A Basic Idea for the Shared Understanding」、『東方』第27号。

林　尚志（はやし・ひさし）

イエズス会司祭。下関労働教育センター。カトリック労働者運動司祭。地域・広域市民運動参加。
著書：『石が叫ぶ福音──喪失と汚染の大地から──』（岩波書店）。

著者紹介（50音順）

内山　節子（うちやま・せつこ）

音楽家・音楽教師。活水学院中・高および聖和女子短期大学保育科卒業。長崎市友愛社会館に奉職。後、ヤマハ音楽教室幼児科講師として音楽教室を展開し、後輩講師の育成に当たる。1973年より地域の音楽普及のために、自宅を開放し、ヤマハ音楽教室を主宰、現在に至る。活水学院理事ならびに評議員を歴任。ふるさとテレビ顧問などを勤められる。

越前　喜六（えちぜん・きろく）

イエズス会司祭。上智大学哲学研究科および神学研究科修士課程修了。

上智大学文学部教授を経て上智大学名誉教授。専攻は人間学・宗教学。

著書：『多神と一神との邂逅──日本の精神文化とキリスト教』（共著、平河出版社）『人はなんで生きるか』（聖母の騎士社）、『わたしの「宗教の教育法」』（サンパウロ）、『神に喜ばれる奉仕』（編著、サンパウロ）、『祈り』（編著、教友社）。

景山あき子（かげやま・あきこ）

援助修道会会員。一貫して子どもの信仰教育の研究、実践にあたり、日本カトリック信仰教育委員会秘書在職中に「子どもとともにささげるミサ」の日本語式文の作成に携わる。現在雙葉学園高等学校などで宗教科を担当、また執筆、講演活動とともに「子どもの信仰教育ネットワーク」代表も務める。
著書：『子どもとミサ』（オリエンス宗教研究所）、『カトリックの信仰生活がわかる本』（共著、女子パウロ会）。

佐久間　勤（さくま・つとむ）

イエズス会司祭。上智大学哲学研究科（修士）、教皇庁立聖書研究所（聖書学修士）、教皇庁立グレゴリアーナ大学（神学博士）。上智大学神学部教授。
著訳書：J・L・スカ『聖書の物語論的読み方──新たな解釈へアプローチ』（共訳、日本基督教団出版局）、『四季おりおりの聖書』（女子パウロ会）、「「キリシタンは聖書について何を学んでいたのか」──ペドロ・ゴメスの『神学要綱』に見る聖書理論」、『日本における翻訳の歩み』（リトン）。

JASRAC 出 1513036-501

愛――すべてに勝るもの――

発行日………2015年12月 3日 初版

編著者………越前喜六

発行者………梶山義夫

発行所………イエズス会管区長室

102-0083 東京都千代田区麹町6-5-1

TEL03 (3262) 0282 FAX03 (3262) 0615

発売元………有限会社 教友社

275-0017 千葉県習志野市藤崎6-15-14

TEL047 (403) 4818 FAX047 (403) 4819

URL http://www.kyoyusha.com

印刷所………モリモト印刷株式会社

ISBN978-4-907991-20-3 C3016